名师名校名校长

凝聚名师共识
回应名师关怀
打造名师品牌
培育名师群体

顾明远

本书为2020年湖北高校省级教学研究项目"U–S合作视角下的地方高校师范生校本研修素养提升研究"（项目编号2020548）成果，2019年度湖北省普通高校人文社科重点研究基地鄂东教育与文化研究中心开放基金项目"促进农村教师校本研修策略与区域性推进机制的研究"（项目编号201906548）成果。

从心出发做教育

『尊重』理念下的学校发展新实践

胡起水 ◎ 著

东北师范大学出版社

长 春

图书在版编目(CIP)数据

从心出发做教育:"尊重"理念下的学校发展新实践 / 胡起水著. — 长春:东北师范大学出版社,2022.12
ISBN 978-7-5771-0001-2

Ⅰ.①从… Ⅱ.①胡… Ⅲ.①中学—学校管理—研究 Ⅳ.①G637

中国版本图书馆CIP数据核字(2022)第252198号

□责任编辑:石 斌 □封面设计:言之凿
□责任校对:刘彦妮 张小娅 □责任印制:许 冰

东北师范大学出版社出版发行
长春净月经济开发区金宝街 118 号(邮政编码:130117)
电话:0431-84568023
网址:http://www.nenup.com
北京言之凿文化发展有限公司设计部制版
北京政采印刷服务有限公司印装
北京市中关村科技园区通州园金桥科技产业基地环科中路 17 号(邮编:101102)
2022年12月第1版 2023年4月第1次印刷
幅面尺寸:170mm×240mm 印张:17 字数:318千

定价:58.00元

序言

念念不忘　必有回响

（代序）

　　初识起水校长时，他刚任武穴市大金中学校长不久。

　　记得那是一个春天，朋友与我联系，说大金中学的校长想带领导班子到我所在的学校看看，当时我心里十分好奇：为什么一所中学的校长带队到小学参观学习？见面之后，这位充满活力、眼神透着干练的校长给我留下了深刻印象。虽然中小学有着学段之差，但我们的交流没有丝毫学段之隔，从教育原理到教育规律，从育人到课堂，我们相谈甚欢，大有知己相见恨晚之感。

　　当时，我对起水校长的第一印象是：这个校长不一般。

　　第二次见面是受起水邀约，我专程去他所在的大金中学。

　　记得那是一个秋日，丹桂已香，柿子已黄，起水校长早早在高速公路口等候，迎我进校园。不算大的校园，被收拾得干净利落，既有乡土风味，又有现代气息，更有教育味道。我和起水校长一起听了两节课，时至今日仍记忆犹新：那两节课上，教师熟练地运用了"自学指导""自主探究""合作交流"等教与学的方式。在一所普通乡镇中学里，居然有这样的现代课堂，这让我大为惊叹！随着课后我与起水校长交流地深入，我知道了这所乡镇中学取得骄人成绩的背后不是时间加汗水的"死学"，不是不分昼夜地做题，而是对人的尊重，对教育规律的尊重，对学习规律的尊重。这所学校不囿于为提高中考成绩而拼搏，更为学生的未来负责，将学生培养为终身学习者。

大金中学的校园里，有一个细节特别打动我：我走到校园的任何一个地方，碰到老师和学生，他们都会自然而友好地向我打招呼问好，老师脸上的笑容是纯朴的，孩子脸上的神采是阳光的。一阵暖流在我心底慢慢升腾：这就是教育的样子、学校的样子、教师的样子和少年的样子。把一所乡镇中学办到如此境界，实属难得。

当时，起水校长给我留下了深刻印象：这是一个专注做教育的校长。

第三次见面是在武穴的街边，我偶遇已任武穴市实验中学校长的起水。

记得那是暑假的一个午后，在武穴市实验中学门口，我看到刚从校园里走出的起水。几年未见，他眼里透射出更加睿智、成熟和执着的光。我们就站在校门口的树荫下，他饶有兴致地谈到他的"尊重教育"，谈到"心存教师，引领发展；心想学生，助力发展；心系家长，协同发展"的"三心"教育，谈到学校的第二课堂、兴趣小组……这一切在他心中不断萌芽，又在武穴市实验中学的肥沃土地上不断生长，长成这般蓬勃的模样。他的激情感染着我，我的脑海里突然冒出一句歌词——"革命人永远是年轻"。

随后，起水邀我进校转转。暑期的校园浓荫蔽日，干净清爽，甚至看不到一丝杂草的影子，恰如他一贯干净利落的做事风格。以我多年做教育的眼光，我注意到几个细节：在教学楼的楼道里，悬挂着《武穴市实验中学"尊重课堂"15条建议》《武穴市实验中学"尊重学生"20条建议》《武穴市实验中学"尊重家长"9条建议》，一条一款，字里行间充满了教育的温暖和温情；在几栋主建筑的大门上，贴着老师饱含深情撰写的对联，使校园洋溢着诗意、古韵和文化气息，尤其是食堂门口"茶香饭热，环境宜人；厨明灶亮，安全放心"的对联，其透射出的烟火味、生活味、人情味让我感受到了一丝甘甜；学校墙壁上张贴的活动海报，虽然有些褪色，但读书节、体育节、艺术节、科技节，还有独具特色的"粽子节"，承载着激情与梦想、快乐和幸福，我似乎听到了校园里的书声、歌声、哨声、笑声、掌声，也仿佛看到了一种叫"素养"的元素在孩子的心中慢慢沉淀……在武穴市实验中学，校园是柔软的，教育是浪漫的，文化是温暖的，孩子是幸福的。

当时，我不禁向起水校长竖起了大拇指：这是一个特别用心的校长。

　　回想与起水校长相识的点滴，在我的眼里，起水校长是一位仰望星空的教育思考者，也是一位脚踏实地的教育耕耘者，更是一位兢兢业业的教育执行者。

张基广

2022年11月17日夜

　　张基广，湖北省武昌实验小学校长，全国优秀教师，特级教师，教育部"校长国培"专家库专家，教育部首届中小学名校长领航工程校长。

从心出发，且行且思

（自序）

多年前，我曾在一本杂志上读到一句话："时间在哪里，成就就在哪里。"当时心里很受触动。

1997年7月，我从武穴师范毕业后，被分配到一所农村初中任教，34岁开始担任邻近乡镇初中校长，39岁调入武穴市实验中学任校长。回顾自己20多年的教育经历，它的确印证了这句话。

一名优秀教师不但要有精湛的教学艺术，更要善于总结教学经验，探寻教育规律，并使之升华到理论高度，这样才能适应时代发展需要。因此，一路走来，我坚持在自己的教学领域用心耕耘，乐此不疲。在教学实践中不断思考，我努力走出自己的教学之路。走上领导岗位后，虽然行政事务繁重，但我仍始终把"干一行，爱一行，精一行"奉为圭臬，用心做好教学和管理工作。

2017年8月，我受组织重托走进武穴市实验中学。武穴市实验中学是目前黄冈市乃至湖北省规模比较大的初中，有5000余名学生、300多名教师，摊子大，管理难。站在这个大舞台上，我压力倍增。化解压力最好的办法就是尽快找准突破口，我告诫自己，首先要保持头脑清醒，厘清三个问题：作为校长，你要干什么？怎么干？干成什么样？要办好学校，最重要的是谋篇布局，用心做好办学理念确立、管理模式改革、校园文化建设、课程开发实施等工作。

在我到任之前，实验中学已经提出比较前卫的办学理念——尊重教育。上任伊始，我在对校情进行充分调研后，对尊重教育理念进行了丰富、细化和延伸，确立了"三要义"——尊重规律，尊重人本，尊重发展；明确了"三心"教育思想和实践模式，也就是"心存教师，引领发展；心想学生，助力发展；心系家长，协同发展"。

我决意以"三心"深入推进尊重教育，聚众智谋求学校新发展，而管理是所有工作高效推进的前提。于是，我大胆引入了具有内部竞争机制的"线块式""一级两部"扁平化管理模式。"线"，就是从校委会到处室，再到级部，一线贯穿；"块"，就是年级部，其负责落实任务。推行"一级两部"管理，既有竞争又有合作，有助于各项工作顺利推进、及时落实。

同时，校园文化建设也是至关重要的。好的校园文化是可视的，我用心让学校每件物品都渗透教育元素，每个地方都留下教育痕迹。好的校园文化更是可为的：抓好阅读工程，开设教师论坛，"万人同唱一首歌""别样端午别样情"……这五年，我们创造了很多"实中（武穴市实验中学）故事"，给师生留下了美好的记忆。

在新的管理模式和校园文化背景下，一系列改革渐次铺开，"三心"实践全面开启：第二课堂蓬勃兴起，高效"5+2"课堂模式、"5+X"集体备课模式构建，"6+X"校本教研论坛开设，省、市名师工作室辐射影响，后勤服务努力打造黄冈样本，综合治理工作实现"零事故"……

这五年来学校取得了很多成绩，从校园日常生活中可以感受到显著的变化。从教室里孩子们的琅琅书声、校园里开展的各种活动中，可以感受到孩子们的快乐；从每年暑假家长们争相把孩子送进实中就读，可以感受到大家对实中办学成效的充分认可；从荆楚各地纷至沓来的教育团体、兄弟学校来校考察，可以感受到社会各界对实中的关注和厚爱。各种媒体的报道，如《教育名家》专题报道的《扬帆远航竞争风流》《搏浪教海掌舵人》，《学校文化》专题报道的《以"三心"推进尊重，让阳光洒满校园》，《湖北教育》专题报道的《推进学校文化建设　助力学校优质特色发展》校园文化系列，既是对实中的充分肯定，又是鞭策实中继续前行的动力。特别是五年蝉联"教学质量特别优秀奖"，可以说是全体实中人用心上交给社会的完美答卷。

回顾这五年来的经历，我有许多新的感悟，但所有的感悟都离不开一个"心"字！"不为彼岸只为海"——这是一名教育人应有的情怀。人生的意义在于奋斗的过程，我享受这种奋斗的幸福。"凡事预则立，不预则废"——这是一名教育管理者的智慧。作为校长，凡事应该用心思考、主动作为。"总有一个理由让我们坚守"——这是一名教育人必备的素养。任何事情只有坚持下去才会有希望,才能出成绩。

说到这里,当年那句曾触动我的"时间在哪里,成就就在哪里",其实也可以改为"心在哪里,成就就在哪里"。

是的,这五年,可谓是"从心出发,且行且思"的五年,也是和师生、家长们一道收获"尊重教育"和"三心"实践成果的五年。这也是我把本书定名为"从心出发做教育"的一个充分理由。

2018年6月28日,在武穴市委、市政府的支持下,我校和地方高校黄冈师范学院开启合作,武穴市实验中学同时挂牌"黄冈师范学院附属武穴实验中学"。几年间,黄冈师院领导对附属武穴实验中学关怀备至,如指导办学,培训师资,实现了联合办学的双赢。借力高校学术优势,通过申报立项,本书成为2020年湖北高校省级教学研究项目"U–S合作视角下的地方高校师范生校本研修素养提升研究"(项目编号2020548)以及2019年度湖北省普通高校人文社科重点研究基地鄂东教育与文化研究中心开放基金项目"促进农村教师校本研修策略与区域性推进机制的研究"(项目编号201906548)成果。在成书过程中,我得到了黄冈师范学院教育学院陈中文院长、韦耀阳博士的支持和具体指导,在此一并真诚致谢。

2022年11月30日

目
录

第一章　尊重理念　引领发展

尊重理念　引领发展 ………………………………… 2

抛洒青春热血　推进"三心"教育 ………………… 9

第二章　打造独特的校园文化

武穴市实验中学"尊重教育"校园文化体系 ……… 14

书香致远　超然物外 ……………………………… 28

第三章　创新管理　推动运转

管理模式：线块式、一级两部 ……………………… 32

以"三心"推进"尊重"，聚众智谋求发展 ……… 32

管理过程：总结与回顾的呈现 …………………… 37

用心铸就实中明天的辉煌 ………………………… 37

扬帆起航，向"规范有序、和谐美好"的办学目标前行 …… 39

乘改革春风，做时代追梦人 ……………………… 45

新实中，大实中，终极目标是人民满意的好实中 … 53

当前的形势和今后的任务 ………………………… 63

勠力同心，朝高质量发展之路迈进 ……………… 67

心在哪里，成就就在哪里 ………………………… 69

管理艺术：尊重与绽放的融合 …………………… 73

从重视细节中提升管理执行力 …………………… 73

在班主任工作会议上的讲话 ·························· 75

成长的自我修炼 ···································· 80

逆人性，修德行，强记性 ·························· 82

教学质量是学校的生命线 ·························· 84

挣脱"疲惫"的思维牢笼 ·························· 87

行政工作的五个机制 ······························ 89

做有执行力的学校管理干部 ······················ 91

做优秀的管理者 ···································· 93

金杯银杯不如老百姓的口碑 ······················ 95

以文化"软实力"引领校园"硬核"发展 ·········· 97

教学教研管理 ······································ 99

学校"高效5+2"课堂教学模式 ·················· 99

第四章　心存教师　引领发展

心存教师解读 ···································· 104

心存教师：做一品香茗吧！ ····················· 104

心存教师讲话 ···································· 106

敬畏课堂 ·· 106

长江后浪推前浪，青出于蓝胜于蓝 ·············· 110

班主任工作的三个"第一" ····················· 112

优秀的人往往在别人看不见的地方默默努力 ······ 115

心存教师实践（一）：党建引领与师德建设 ······ 117

开学季，学校师德师风建设在行动 ·············· 117

思政课教学的春天已来临 ······················· 119

树立高尚师德形象，打造风清气正校园 ·········· 120

牢记纪律规矩，永葆廉洁本色 ·················· 122

追寻红色记忆，传承红色基因 ·················· 123

心存教师实践（二）：关爱教师是校长的责任 ···· 126

市委书记教师节前夕慰问学校教师代表 ··········· 126

努力奔跑，做新时代的追梦人 ·············· 127

第36个教师节，我们是这样过的 ·············· 131

感动源于奉献，榜样凝聚力量 ·············· 135

声声慰问诉深情，暖暖祝福送不停 ·············· 141

本本书籍传真情，句句祝福暖师心 ·············· 143

今又重阳，红安之旅别样情 ·············· 145

武穴市实验中学召开退役军人座谈会 ·············· 147

教师节前市委组织部与教育局负责同志慰问实中教师 ······· 149

"实中工会，不愧为教职工的温馨之家！" ·············· 150

抢抓"百日攻坚"进度，大力整治校区环境 ·············· 152

这个春节格外暖 ·············· 154

乒乓比赛传国粹，实中健儿竞风流 ·············· 156

武穴市实验中学喜获教育系统乒乓球比赛冠军 ·············· 159

心存教师实践（三）：培训是教师最好的福利 ·············· 161

暑期充电进行时 ·············· 161

在佛山，我们与教育"大咖"相遇 ·············· 163

江城教育春满园，采撷百花酿佳蜜 ·············· 166

探索管理创新，问道教师成长（一） ·············· 169

探索管理创新，问道教师成长（二） ·············· 171

守正笃实践初心，鼓劲扬帆启新程 ·············· 174

心存教师实践（四）：不搞教研的教师是不合格教师 ·············· 176

科学筹备，扎实研讨 ·············· 176

学校物理教研组积极举办课题研讨会 ·············· 178

北京奥鹏远程教育中心专家组来学校调研校本研修工作 ······· 179

课堂展风采，教研促成长 ·············· 181

聚焦高效课堂，探寻备考策略 ·············· 183

联研共析明方向，查漏补缺促提升 ·············· 185

教育视导大练兵，内外兼修写华章 ·············· 187

与名师同行，研优课成长 ·············· 189

这个学期，实中生物教研组"亮"起来了 ·············· 191

总结经验补短板，凝心聚力再出发 ·········· 192

强！这所学校又开坛了 ·········· 194

星光不负赶路人，成功不负逐梦者 ·········· 196

慧引精研真收获，真抓实干巧用功 ·········· 198

实中"党建+课堂教学质量提升"活动蓬勃开展 ·········· 201

全面引领，打造"主题式"校本研修特色 ·········· 202

第五章　心想学生　助力发展

心想学生解读 ·········· 208

心想学生：学会爱的表达 ·········· 208

心想学生讲话 ·········· 210

胸怀天下志报国，勤学善思勇担当 ·········· 210

最好的时代，最好的自己 ·········· 212

长风破浪会有时，直挂云帆济沧海 ·········· 214

做自己的英雄 ·········· 216

鲜衣怒马少年时，且歌且行且从容 ·········· 218

第六章　心系家长　协同发展

心系家长讲话 ·········· 222

给家长们的一封信 ·········· 222

心系家长实践 ·········· 224

拔河比赛"拔"出了学校的"精、气、神" ·········· 224

"三星"级标准，"三心"式服务 ·········· 225

坚守"食"字路口，创建放心食堂 ·········· 227

控辍保学，我们一直在路上 ·········· 229

别样端午别样情 ·········· 231

今天的行政会不一样 ·········· 234

实验中学，我无悔的选择 ·········· 236

家校共育聚合力，家长变身"监考员" ·········· 238

炎炎夏日下基层，携爱家访送情义 ·················· 240

第七章　从心出发　风景无限

实验中学等五所学校被评为全国青少年"五好小公民"主题教育
　读书活动"红旗飘飘，引我成长"示范学校 ·········· 244

鄂派名家荟萃，实中喜获殊荣 ···················· 245

合作办学创品牌，成果显著获殊荣 ················ 246

加强学校文化建设，助推教育高质量发展 ············ 248

胡起水校长应邀赴枝江、大悟巡回讲学 ·············· 252

惟实励新，精进臻善 ···························· 254

第一章

尊重理念　引领发展

尊重理念　引领发展

一、尊重教育的提出

2008年前后，新课程改革进入后期，学校的内涵发展需要总结提升。在素质教育和传统教育的碰撞中，学校办学思想形形色色，教师教学顾虑重重，不论是学校的管理，还是教学工作，管理者和教师都很难找到一个适合学校和谐发展的切入点。

尊重教育的研究与实践发源于北京市东城区。1994年，一个崭新的名词"尊重教育"走入了北京市东城区的14所试点中学，其内容涵盖尊重自己、尊重他人、尊重社会、尊重知识、尊重自然五个维度，核心是教育孩子们"从平等开始学做人"。尊重教育的研究与实践闻名于浙江省瑞安市安阳实验小学。该校把尊重教育的核心价值观定位于"尊重人性"，在实践中逐步形成一套理论体系：目标层面为"幸福为本"，内容层面为"习惯为重"，方法层面为"尊重人格"和"尊重差异"。

2008年，教育形势从精英教育转向大众教育，从选拔教育转向普及教育，从淘汰教育转向发展教育。实中人不失时机，将既古老又鲜活的"尊重教育"带进了实中校园。随后，它一直作为学校构建和谐校园的主旋律。实中人把尊重教育作为自己的办学理念，以及推进素质教育和解决各种问题与矛盾的有效途径。实中人认为，尊重教育的实质就是素质教育，或者说尊重教育是素质教育的重要内容和实施模式。学校在北京市东城区试点学校的"尊重教育"模式的基础上，划定了"尊重规律、尊重规则、尊重自己、尊重他人、尊重劳动、尊重创造、尊重知识、尊重事实、尊重个性、尊重差异"十大要义；在教育实践中以尊重理念统领学校各项工作，从办学理念、制度建设、德育实践、教育教学、后勤服务、校园文化诸多方面整体推进，形成了以尊重教育引领校园和谐发展的核心价值观。为了不断丰富和深化尊重教育理念，学校积极推进尊重教育课题的研究和实施，并逐步把它内化为持久的办学理念和鲜明的办学特色。

2012年，武穴市实验中学提出"让尊重成为一种校园文化"的口号，将尊重教育进一步升华和内化，赋予尊重教育内涵和生命，使尊重教育焕发出人性的光辉。

如今，尊重教育在学校生根发芽、开枝散叶，实中人更是把"尊重教育"这一理念融入学校的办学目标，渗透在环境建设上，落实在学校的日常工作中，体现在校本课程的开发上，为学生打造了一个开满尊重之花的校园、幸福成长的乐园！

尊重，让教师体验职业幸福；尊重，让学生收获学习快乐。实中人求索、努力、拼搏的精神令人振奋，以其独特的、先进的教育理念引领着学校不断发展和超越。

二、尊重教育的理论依据

（一）尊重教育的教育学依据

纵观教育发展的历史，人类的教育活动经历了从"神化"教育转向"物化"教育，进而走向"人化"教育的过程。与此相对应，教育理念的发展也体现了从"崇拜的教育"转向"占有的教育"，再到"尊重的教育"的逻辑。

当代教育取得的成就与存在的严重问题都在一定程度上源于"物化"教育及其"占有的教育"的理念。这是目前全球性教育革命以及中国的教育改革的真正对象。

当今世界上有两大教育思潮。

其一是教育个性化思潮。第二次世界大战结束后，首先在资本主义国家涌现出了一种新的教育思潮——教育个性化。它强调教育的人文化，重视尊重个人的生理、心理、年龄特点，考虑个人的特长、兴趣、爱好，以及个人的社会志向和职业选择，打破过去统一化的教学模式，使个人的个性获得解放，得以自由发展。

其二是教育主体性思潮。它根据人类自身的发展特点，提出了人本主义的教育目标，即培养能够适应变化的、知道如何学习的、个性充分发展的人。其代表人物罗杰斯提出：在教学目标上，应强调人的个性与创造性的发展；在课程内容上，应强调学生的直接经验；在教学方法上，应以学生为中心，放手让学生自我选择、自我发现。罗杰斯强调，教学要发展学生的个

3

性，充分调动学生学习的内在动机，突出学生的主体地位，尊重学生的情感，构建和谐的师生关系。

这两大教育思潮为尊重教育提供了形成与发展的土壤。

（二）尊重教育的心理学依据

尊重教育的提出有其深厚的心理学依据。

1. 马斯洛的需求层次理论

20世纪初，美国心理学家马斯洛提出了需求层次理论，他把人的需要分为五个层次，分别是：①基本的生理需要；②安全的需要；③归属和爱的需要；④尊重的需要；⑤自我实现的需要。其中，尊重是人的一种高层次的需要。在社会化过程中，若尊重的需要得到满足，一个人就会自尊、自信、自励，反之就会沮丧、自卑。

需求层次理论给我们的启示：要通过各种教育教学活动，为师生创设更多展示的平台、发展的机会，满足其尊重的需要，从而促进师生共同发展。

2. 加德纳的多元智能理论

美国心理学家加德纳的多元智能理论认为，人类具有语言、音乐、身体运动等八种智能。不同人的八种智能水平有所不同，因此教育教学应该充分尊重每一个学生的优势智力领域，挖掘每一个学生的特殊潜能。

多元智能理论为尊重教育奠定了坚实的心理学基础。

（三）尊重教育的法律法规依据

《中华人民共和国未成年人保护法》规定："学校、幼儿园的教职员工应当尊重未成年人的人格尊严，不得对未成年人实施体罚、变相体罚或者其他侮辱人格尊严的行为。"另外，《中华人民共和国宪法》《中华人民共和国教育法》《中华人民共和国教师法》等也都有相应的规定。

《国家中长期教育改革和发展规划纲要（2010—2020年）》明确提出："坚持以人为本、全面实施素质教育是教育改革发展的战略主题。""其核心是解决好培养什么人、怎样培养人的重大问题，重点是面向全体学生、促进学生全面发展，着力提高学生服务国家服务人民的社会责任感、勇于探索的创新精神和善于解决问题的实践能力。""尊重教育规律和学生身心发展规律，为每个学生提供适合的教育。"这为尊重教育的开展奠定了现实的思想、群众基础。

三、尊重教育的理论体系——尊重教育与素质教育、课程改革的关系

素质教育是依据学生发展和社会发展的需要，以提高全体学生的基本素质为根本目的，以尊重学生的主体性和主动精神、注重开发学生的智慧潜能、注重培养学生的健全个性为根本特征的教育。

基础教育课程是国家意志和核心价值观的直接体现，承载着教育思想、教育目标和教育内容，在人才培养中发挥着核心作用。基础教育课程改革的目的是为素质教育的发展提供原动力，并使素质教育得到全面、深入、彻底的实施。

新课程改革是党和国家的重要决策，学校的任何改革都要遵循这个大的方向。

新课程的要义：一是纠正知识技能取向，强调突出人的价值；二是促进学生个性发展，突出尊重学生个性；三是回归学生生活世界，强调尊重学生的生活背景；四是强调师生平等对话，强调尊重人格。同时，新课程强调放权给学校，还教育权给教师。从新课程改革的宏观思想上来把握尊重教育会使其更有实践价值。

尊重教育是"以人为本"的教育，或者说是"人性化"的教育，以培养和发展学生的个性品质和全面素质为目标，具有人文教育价值取向的教育，它所营造的教育氛围将对学生的创造力培养产生重要作用。尊重教育面向每个有差异的学生，并以努力促进他们在原有基础上发展为主要目标，完全符合素质教育和课程改革的要义和内涵。它坚持以人为本，在教育理念、教育目标、教育内容、教育方法方面，面向全体学生，促进学生全面发展、主动发展，而且在实施过程中形成了行之有效的操作方案和符合实际的具体要求。

此外，素质教育、课程改革、尊重教育在目标指向上具有一致性。从教育的发展来看，素质教育是目标，课程改革是实施素质教育的核心环节，尊重教育是实施课程改革、落实素质教育的一个校本特色模式。

素质教育、尊重教育、课程改革关系图示

四、尊重教育的内涵界定

根据尊重教育的理论依据和学校的具体实践，学校把尊重教育的内涵界定为三大方面。

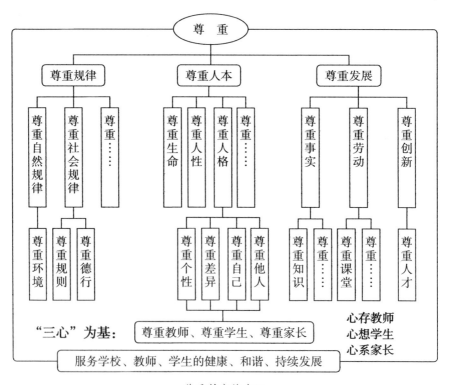

尊重教育的内涵

1. 尊重规律——尊重教育的起点

第一,既要尊重自然规律,又要尊重社会规律。要尊重自然规律,就要尊重人类赖以生存的环境。当然,这个环境也包括校园环境。要尊重社会规律,就要尊重各种符合社会规律的规则、道德规范。在教育实践中,要按教育规律而不是个人主观愿望去实施每一项教育活动。第二,要尊重教育对象的身心发展规律。

2. 尊重人本——尊重教育的连接点

尊重人本就是以人为本。首先,要尊重生命,这是一切尊重的基础。因此,学校安全工作极其重要。其次,要在尊重规则的同时尊重人性,一切管理要致力于建设和谐校园。学生是校园中的主体,要尊重学生的人格、个性,尊重学生之间的差异。

3. 尊重发展——尊重教育的落脚点

学校要谋求发展,首先要尊重事实,立足实际;其次要尊重劳动;最后要尊重创新,尊重人才。

以上不同层面的尊重教育的内涵,都是我们努力发展的方向。在学校,每条战线、每个处室、每项工作都应该自觉贯串尊重精神,将其作为精神动力,从而在校园内营造出尊重教育的浓厚氛围,服务于学校、教师、学生的健康、和谐、持续发展。

五、尊重教育的实践模式

在2012—2017年,学校已经初步探索出尊重教育"12345"实践模式,其重点环节为"五节""三课堂"。

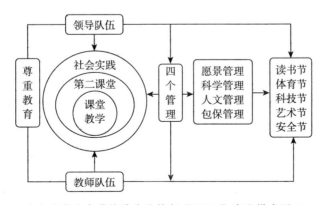

武穴市实验中学推进尊重教育"12345"实践模式图示

"五节""三课堂"图示

"12345"实践模式解读：

"1"：坚守一个核心理念——尊重教育；

"2"：锻造两支精良队伍——推进主力；

"3"：构建三个健康课堂——推进阵地；

"4"：凸显四个管理特色——推进保障；

"5"：主办五个展示节日——校本特色。

2017年后，武穴市实验中学在进一步的实践探索中，改进原有实践模式，结合尊重教育"三要义"和"线块式""一级两部扁平化"管理模式，创造出"尊重教育'三心'实践模式"。

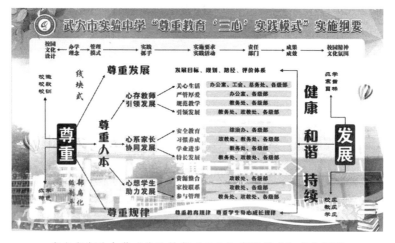

武穴市实验中学"尊重教育'三心'实践模式"实施纲要

抛洒青春热血 推进"三心"教育

——在武穴市教育局2017年暑期校长论坛上的讲话

武穴市实验中学是黄冈市示范学校、武穴市对外窗口学校,学校办学行为、师德师风、教学质量备受社会关注。在倡导素质教育的今天,在把"创办人民满意的教育"提升到国家意识层面的今天,武穴市实验中学正处在抢抓发展机遇的关键时期。目前,社会对教育、教师的要求不断提高,面对发展中存在的问题,每一位教育工作者都应该思考良策。我服从组织安排来到武穴市实验中学,在广泛征询意见、全面了解学校情况、深入分析问题的基础上,提出了"心存教师,引领发展,心想学生,助力发展,心系家长,协同发展"的"三心"教育,努力实现"创办人民满意的教育"的总体目标。"三心"教育将成为我为之奋斗的办学实践主线。

给教师一个机会,教师很可能还给校长一个奇迹

——心存教师,引领发展

在学校,校长能让其他领导干部和教职工敬佩、信服,靠的不是地位和权力,而是人格和能力。因此,校长应做到以下几点:

第一,营造一种公平、公正、公开的工作环境和竞争环境。校园里不公平的事情一旦发生,就会影响教师正常的人际关系,挫伤教师的工作积极性,制约学校的发展。如果这些事情不及时处理,所谓的公平、公正都是空谈。

第二,制定一整套公正、公平的规章制度并坚定执行。制度一旦形成,对任何人都一视同仁。对于与教师相关的制度,所有教师都必须遵守,校长也不例外;对于与学生相关的制度,所有学生都必须遵守,不因学生的学习成绩、家庭背景不同而有差异。按制度办事,才能体现真正意义上的公平、

公正。

第三，创造条件，帮助教师发展，让其从成长走向成功。教师既有独立的人格，也有成长的需要，渴望实现自身价值。作为校长，要重视每一位教师的作用。老年教师是学校的宝贵财富，中青年教师是学校生存发展的中坚力量。校长要全力支持教师"成名""成家"，倡导教师间共享教育成果；大力开展"青蓝工程""名师工程"，搭建"草根讲坛""名师工作室"等各种平台，实施教师成长档案记载、师德标兵和年度感动人物评选、岗位设置等多种方案，在报纸上、网站上、学校宣传橱窗中大力宣传教师的教育教学成绩，让教师体验到教育所得，感受到教师职业内在的价值和尊严。

第四，努力创设一个宽松和谐的校园环境，让校务阳光运作，用共同的愿景指导、引领教师发展。为此，校长要带领教师加强学习，打造学习型校园。一名教师的文化底蕴不仅决定其理解、驾驭教材的能力，还能给学生以深厚的文化浸染；一名教师的个人修养不仅决定其能否影响学生成长，还直接关系着其家庭的幸福。只有教师的幸福指数提升了，他们才能安居乐业，潜心教学，快乐工作。

第五，引领教师消除职业倦怠。目前，教师职业倦怠现象比较严重。那么如何消除职业倦怠？我认为，校长对教师的理解、支持十分必要。校长关爱教师、服务教师，让教师没有后顾之忧，教师才能振奋精神，积极工作。

学生毕业证书上，只有校长的姓名

——心想学生，助力发展

作为校长，首先要注重学生人生观的培养。陶行知说"校长是学校的灵魂"，而学生人生观的形成取决于学生在学校所受的教育和影响，这种影响既包括学校的校风、教风、学风，又包括学校思想政治工作、教学质量、教学方法等，而这一切都与校园文化建设息息相关。校长要找准自己作为校园文化引领者的定位，既要确立先进的办学理念，又要根据学校的特征不断丰富校园文化内涵，为学生终身发展服务。

其次，要注重学生行为习惯的培养。学校的教育教学活动必须体现学生的主体地位，教学规划要告诉学生，教学内容要贴近学生，教学方法要适应学生。"一屋不扫，何以扫天下"虽然强调的是卫生习惯、劳动习惯，但其中又富含哲理；"书声、歌声在校园响起，笑声、掌声在课堂响起"虽然强调的是快乐和愉悦，但告诉我们的是一种学习状态。中学是学生人生发展的关键时期，要养成良好的行为习惯会让学生受益终生。学校要把对学生的行为习惯养成教育渗透到各科教学之中，反复强化，建立"教师—学生—家长"行为习惯养成教育体系。

最后，要注重学生的个性发展。学生个性各不相同，发展有快有慢。作为教育工作者，应树立"以生为本"的学生观，坚持"一切为了学生，高度尊重学生"，尊重学生身心发展规律，促进学生健康成长；要因材施教，走下讲台，放下架子，蹲下身子，与学生建立平等和谐的师生关系，开设"第二课堂"作为展示自我的舞台，让学生个性的火花在灵动的校园里闪耀。

全心全意为学生，是我们每一位教育工作者的中心点，也是落脚点。

"路曼曼其修远兮，吾将上下而求索。"我深知前行的路漫长而艰辛，但我心真而意诚，对教师、学生、家长凭良心，对学校、教育、事业凭智慧，推进"三心"教育将是我毕生的追求！

任何一个学生，在学校也许只是几百分之一，但却承载着一个或几个家庭百分之百的希望

——心系家长，协同发展

家庭是社会的细胞。社会、学校、家庭又是教育学生的一个密切相关的重要组合体，学校在这个组合体中承担着重要角色。

作为校长，首先要正视社会、学校、家庭客观存在的矛盾。其次，要积极化解、消除家校存在的矛盾和误会。家庭和学校、家长和教师在教育目标、教育目的上是高度一致的，有着相同的意愿，这是其合作的基础。因此，校长要求同存异，引导教师"急家长之所急，想家长之所想"。例如，在留守儿童教育问题上，我们可以开设有针对性的"成长课程"，设立"弥补缺位"的制度，创设"爱心守望课堂"，架设"爱心电话"，等等，努力发现留守儿童身上的"积极因子"，用充满爱心和正能量的方法解决留守儿童教育难题。我们可以通过开门办学、家校互动，促进家校相互了解、相信，体现学校对家长的诚心，从而达到化解分歧和矛盾、消除误会的目的。

以诚心对待家长，教育每一个学生，寻求家校合作的新模式、新方法，创办充满"良心"的教育，是我们每位教育工作者义不容辞的责任。

第二章

打造独特的校园文化

武穴市实验中学"尊重教育"校园文化体系

武穴市实验中学始创于1978年春，原址位于黄冈栖贤路；前身武穴镇中，1990年曾易名武穴市一中，1992年始定名武穴市实验中学，并于2017年10月1日整体搬迁至武穴市治江大道西2号。2018年，武穴市实验中学与黄冈师范学院联合办学，挂牌"黄冈师范学院附属武穴实验中学"。

1. 办学理念、实践模式、办学目标、办学宗旨、发展愿景

办学理念：尊重规律、尊重人本、尊重发展。

实践模式：心存教师，引领发展；心想学生，助力发展；心系家长，协同发展。

办学目标：创湖北名校、塑鄂东名师、育创新人才、兴人文特色。

办学宗旨：为师生可持续发展奠定坚实的基础，培养具有人文精神、科学素养、创新能力、高尚品德的时代新人。

发展愿景：让每一位学生扬起理想的风帆，让每一位教

武穴市实验中学"尊重教育"办学理念

师体验教育的乐趣，让每一位家长享受成功的喜悦，让学校成为学生放飞梦想的地方。

2. 校风、校训、教风、学风

校风：博学、笃志、慎思、力行。

校训：居敬、持志、富才、厚德。

"居敬、持志"既是朱熹道德修养的重要方法，也是他最重要的读书法。

朱熹指出："读书之法，莫贵乎循序而致精，而致精之本，则又在于居敬而持志。此不易之理也。"所谓"居敬"（敬，恭敬），就是读书时注意力集中。他说："读书须收敛此心，这便是敬。"又说："读书须将心贴在书册上，逐句逐字，各有著落，方始好商量。大凡学者须是收拾此心，令专静纯一，日用动静间，都无驰走散乱，方始看得文字精审。"所谓"持志"，就是坚定志向。朱熹说："立志不定，如何读书？"要坚定学圣贤之道、修身复性的志向，才能真正取得读书成效。

所谓"富才"，就是使才学丰富，出自南朝梁刘勰《文心雕龙·神思》："积学以储宝，酌理以富才。""厚德"出自《周易》中"地势坤，君子以厚德载物"一句，强调的是一种崇高的品格，一种博爱、一种隐忍，如同大地容万物。

教风：敬业、乐群、严谨、创新。

学风：勤奋、进取、和谐、致美。

3. 校歌、校徽

校歌：《奔向明天的辉煌》

武穴市实验中学校歌

校徽："放飞梦想"

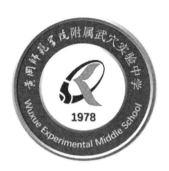

武穴市实验中学校徽

校徽设计创意：图案整体主要由"S"和"Y"两个字母变形构成，意为"实验中学"。椭圆形为天空，中间是振翅飞翔的雄鹰，寓意实验中学是放飞梦想之地；或理解为椭圆形为苗圃，中间是茁壮生长的幼苗，寓意实验中学是培养祖国花朵的沃土。

4. 实中员工宣言

每一个清晨，都是一个令人惊喜的邀请。我们被自己的天赋唤醒，我们体内的最新动力和渴望将我们的良知、道德、理想、信念、意识组成一曲雄浑的交响乐，在旭日东升时奏响。这，是我们实中人精神文化的号角，它让我们迎着阳光，表达我们诗意盎然而神圣的生活。

实中员工宣言，是我们实中道德文化的沉淀。让我们手牵手，心连心，在七色曙光之中，共织我们实中绚丽的前景。

命运掌握在我们自己手中，我们要用情感、忠诚、爱心、责任感和创造性的劳动抒写我们的每一天。

我们追求成功，我们信仰成功，我们每时每刻全力以赴。

我们知道成功需要时间，我们要耐得住寂寞，心存理想，不断实践。

我们要把实中当作放飞自己梦想的家园，细心呵护，用心经营，把握一切能为实中增光添彩的机会。

"德不优者，不能怀远；才不大者，不能博见。""德优才备"是我们育人、选人和用人的标准。

"以身教者从，以言教者讼。"我们的言行，是学生最直观、最丰富的教材。

"爱出者爱返，福往者福来。"长存善念与爱意，我们对学生的爱和学生对我们的爱就会水乳交融，从而实现我们和学生的和谐发展。

我们不断挖掘自我，发现自我，超越自我，相信自己能创造奇迹。

"一分耕耘，一分收获。"我们要付出十分耕耘，进行十分积累，这样才能获得百倍的回报。

我们要不断突破心灵的羁绊，以大局为重，以事业为先，消除自满及自卑情绪，不骄不馁，不卑不亢。

我们热情支持改革，我们知道素质立身、文化立校、创新铸魂的根本道理，我们要创造机会不断提升自己。

我们感谢每一次磨难，在坚韧的人们面前，磨难会化为一种礼物，一种人格上的成就，一种对人生和生活的深刻认识。

我们不害怕逆境，逆境并不能使我们远离自己的理想，相反，它会让我们更加靠近理想。

我们对他人少一分苛求，对别人的过错、失误多一分容忍，将快乐融入我们工作与学习的环境，自己给自己一片温情的海。

我们喜欢微笑。微笑是最祥和的语言，微笑是我们生活的阳光雨露，让我们永远用微笑善待自己，面对他人。

我们善于感受平凡中的美丽，我们要以坦荡的心境、开阔的胸怀来应对工作和生活中的酸甜苦辣，对每一件美好的事物心存感激，让我们的生活焕发迷人的光彩。

我们要学会品味幸福。幸福其实很简单，只要我们细细品味，它就会萦绕在我们身边。

我们要善于控制欲望，过多的不合理的欲望会掏空我们的心灵。

"凡事勤则易，凡事惰则难。"我们要摒弃工作中的惰性，将勤奋视为人生进步的阶梯。

我们珍惜每个人的才能和贡献，给每个人一片发展的绿洲，但我们不用同样的砝码去衡量一切。

我们珍爱身边的环境，我们珍惜大自然的恩赐；我们反对任何形式的浪费，反对一切破坏自然和谐的行为。

我们要坚守我们的思想准则：不媚世，不粗俗，不攀名，不慕利，做精神上的愉悦者。

我们要善交益友，乐听净言。对于帮助我们进步的人，我们要心存感激。

我们要宽容失败，因为失败是成功的催化剂。对于教改过程中遇到的挫折，我们要以坦然的态度去面对。

我们要不断地学习、吸收和研究新的教育理论和技术，并以最快的速度将其应用于学校的教育实践。

我们"要让每一个学生品尝学习的乐趣，让每一个教师享受成功的喜悦，让实中成为放飞梦想的地方"。我们为理想奔跑，相信我们的努力会赢得社会的掌声。

一个有着精神追求的人，他的心灵是自由的。一个和谐奋进的团体，它的前景是无限的。让我们心灵的交响乐，在美丽的清晨散发出沁人心脾的芬芳；让我们精神的协奏曲，迎着缤纷的曙光，在大地间快乐回荡。

5. 武穴市实验中学给全体教师的26条建议

（1）学会真诚地微笑，做一名阳光教师。

（2）以乐观豁达的心态面对现实，以积极进取的姿态投入生活。

（3）让心灵在不断地读书和思考中变得丰富和深刻，摆脱物质羁绊，远离庸俗烦扰。

（4）把得体的衣着打扮、优雅的谈吐举止、丰富的内心世界完美地统一起来。

（5）拒绝平庸，高调做事；追求卓越，享受成功。

（6）小事不可随便，大事常保清醒。

（7）在自我反思中完善道德修养，在道德约束里享受精神自由。

（8）善于支持与合作，让和谐的人际关系变成事业成功的助推力。

（9）为学生的终身幸福从事教育工作。

（10）记住每个学生的名字，并用亲切的语气称呼他们。

（11）把爱心、公正、平等、宽容作为从事教育事业的基本品质。

（12）用教育的智慧去征服学生，用人格的魅力去影响学生。

（13）不要只喜欢和自己有相似点的学生。

（14）尽最大努力发现每一个学生的闪光点，即使你现在仍不够喜欢他。

（15）保护每一个学生的自尊，即使学生犯错也要给他留面子。

（16）牢记赏识、赞美、鼓励永远是学生最需要的。

（17）在亲和中体验真，在距离中体验美，在真与美的艺术中建立和谐的师生关系。

（18）善意的批评、适度的惩戒是学生成长的必要"钙质"，在赏识、赞美的同时学会批评和惩戒的艺术。

（19）不要用分数来决定一个学生在你心中的地位。

（20）大量涉猎专业以外的知识，有选择地教给学生课本以外的内容。

（21）精心备好每一节课，处理好预设与生成的关系。

（22）上课时努力关注每一个学生，想办法让不喜欢学习的学生能认真听讲。

（23）经常走下讲台，弯下腰来倾听学生的声音。

（24）教给学生有效的学习方法，培养他们持久的学习兴趣，而不仅仅是机械地灌输知识、训练能力。

（25）学会总结反思，让教研充实教育生活，使自身专业素质不断提升。

（26）重视荣誉，但更重视责任。良好的口碑对学生终身的影响才是教育最大的成功。

6. 武穴市实验中学给全体学生的26条建议

（1）请把按时到校作为一天成功的开端，把惜时守时作为一生成功的起点。

（2）学会安排每一天的生活和学习，力争发挥出时间的最大效用。

（3）让感恩成为一种习惯，怀着感恩的心开始每一天的新生活。

（4）在庄严的场合学会保持严肃，在升国旗时让目光随国旗上升。

（5）尊敬父母和老师，时刻铭记他们是我们生命中最重要的人和成长中最强大的支撑力量。

（6）成功源于梦想，永远保持人生最初的梦想，让梦想成为进取的持久动力。

（7）给自己的人生确定一个略高于自己能力的目标。这样，个人的能力会发展得更快，对社会的贡献也会更大。

（8）奋斗是实现梦想的唯一途径，而坚韧不拔的意志又是奋斗的核心力量。

（9）学习方法永远比学习知识更重要，最适合自己的学习方法才是最有价值的方法。

（10）合作意识与竞争精神同样重要，甚至比竞争精神更重要。

（11）面对挫折和失败，永远不要丧失勇气；面对成功和荣誉，永远要保持一颗平常心。

（12）成功其实并不像我们想象中那样难，只要对一件事保持长久而浓厚的兴趣，成功就会在不知不觉中来临。

（13）分数固然重要，但不是唯一的目标。健康的身心、高尚的情操、良好的习惯、全面的素质才是最重要的。

（14）充满自信地追求，充满尊严地生活是快乐之源、成功之基。

（15）诚实、守信、谦逊、宽容的美德会让我们得到更多的帮助和支持，有助于我们成长和成功。

（16）不要害怕承认自己的错误和无知，人生本来就是一个不断改正错误、获取新知的过程。

（17）学会独立地思考、理性地生活，对种种不良诱惑坚决说"不"。

（18）纪律也是一种游戏规则。请学会在合理的约束中，享受更充分的自由。

（19）请相信团队的力量。把自己融入集体，并努力发挥重要作用，才能更好地实现自己的人生价值。

（20）受人尊重比令人喜爱更重要，而要成为一个被尊重的人，前提是尊重他人。

（21）学会与人交流、沟通、合作，把"己所不欲，勿施于人"作为人际交往的基本准则，做一个受欢迎的人。

（22）珍惜友谊，把友谊建立在共同的理想追求上，以利于学习和成长。

（23）崇尚艺术，学会在平凡的生活中发现美、享受美、创造美。

（24）让劳动成为一种需要，让节俭成为一种习惯。

（25）细节决定成败。不忽视任何细节，才能做成大事。

（26）养成反思、总结的习惯。在每一天结束后进行反思，以利于明天的进步；在每件事完成后进行总结，以利于下一步的成功。

7.《武穴市实验中学学生一日常规歌》

（1）笑迎晨曦，乐观自信；充满活力，尊重自我。

（2）面对国旗，注目行礼；忠诚事业，热爱祖国。

（3）出入平安，谦逊礼让；学会做人，尊重生命。

（4）上下楼梯，严禁拥挤；安全有序，尊重规则。

（5）行为规范，衣装整洁；讲究卫生，爱护校园。

（6）尊老爱幼，团结同学；互帮互助，与人为善。

（7）低碳绿色，厉行节俭；保护环境，敬畏自然。

（8）诚实守信，廉洁奉公；以身作则，宽以待人。

（9）谦虚好学，不耻下问；刻苦钻研，尊重知识。

（10）不得讥讽，杜绝体罚；师生平等，互敬互尊。

（11）学会反思，培养能力；自我激励，尊重创新。

（12）张扬个性，展示特色；尊重差异，全面发展。

（13）家校合作，亲情享受；构建和谐，尊重师长。

（14）不亢不卑，不骄不躁；因材施教，尊重人格。

（15）自己动手，丰衣足食；保持本色，尊重劳动。

（16）赠人玫瑰，手留余香；传递大爱，学会感恩。

（17）积极进取，坚守希望；点燃激情，放飞梦想。

8. 武穴市实验中学"尊重生命"12条建议

（1）生命对于我们每个人来说只有一次，每个人的生命不仅属于我们自己，而且属于一切爱我们的人，属于社会。学会爱自己，是源于对生命本身的崇敬和珍视。

（2）生命和健康的权利对每个人来说都是平等的，我们没有理由随意侵犯他人的生命和健康权。在社会中，尊重、关爱他人的生命，也意味着更好地关爱我们自己的生命。

（3）生命是短暂而脆弱的，并且生命的每分每秒都是"现场直播"，因此我们应该学会享受生命的美好。

（4）生命的成功固然美好，但遗憾有时也是一种美丽。不管我们面对的是幸运还是苦难，我们都要珍爱自己的生命，悦纳自己的生命。

（5）生命因信念而顽强、坚忍。活着就应该让生命焕发光彩，在前行的沿途拾起一枝一叶，留待回忆。

（6）不要以感伤的眼光看待过去，因为过去再也不会回来了。最明智的做法就是好好珍惜你的现在——现在正握在你的手里，你要充满希望地迎接美好的未来。

（7）"生如夏花般绚丽，死如秋叶般静美。"我们要用心演绎生命，用心走好生命中的每一步，让生命像春天一样姹紫嫣红，绚丽多彩。

（8）对于每个人来说，生命的意义并不仅仅是活着，而且是更好地活着。我们要充实生活的每一个瞬间，创造生命的价值。

（9）内容充实的生命就是长久的生命。我们要以行为而不是时间来衡量生命。谁能以深刻的内容充实生命的每个瞬间，谁就是在无限地延长自己的生命。

（10）尊重是一种修养，一种品格，一种对人不卑不亢、不俯不仰的平等相待，以及对他人人格与价值的充分肯定。任何人都不可能尽善尽美，我们没有理由以高高在上的目光去审视别人，也没有资格用不屑一顾的神情去嘲笑他人。

（11）一生中我们总会遇到很多值得我们珍惜的人。我们要懂得珍惜身边的每一个人，珍惜我们所拥有的一切。因为是他们把我们的生命变得更有价值，让我们都成为幸福的人。

（12）人的生命孕育于自然，又依赖自然。如果我们随意践踏地球上的生命，就是在破坏人类赖以生存的生态环境，最终受伤害的还是我们自己。所以，我们要尊重自然界中的一切生命。

9. 武穴市实验中学"尊重教师"10条建议

（1）教师是我们人生的指路明灯，引导我们走向正确、成功的道路。"一日为师，终身为父"，我们要学会尊重教师。

（2）教师是一份光荣而神圣的职业，我们要理解教师的辛苦，经常询问、体贴教师，让教师感受到来自学生的温暖。

（3）成长道路上犯错是难免的，犯错时不能出言不逊，顶撞老师，要懂得知错就改，请求老师的原谅。

（4）遇到教师要使用礼貌用语向教师问好，这是个人良好素质的体现。

（5）上课要认真听讲、做好笔记，还要时常复习学过的知识，积极完成教师布置的作业，这既是收获知识的过程，也是对教师劳动成果的尊重。

（6）与教师交谈时，应主动给教师让座，目光注视教师，认真听教师讲话，礼貌大方地回答问题。请教完毕，要真诚地说一声："谢谢老师！"

（7）要尊敬老师，不仅要尊敬现在教你的老师，还要尊敬曾经教过你的老师。

（8）尽力为教师创造一个良好的办公环境，如保持讲台整洁、教室美观、黑板干净。

（9）不私下议论教师的是非，向教师提意见时要诚恳。

（10）记得在教师节等节日对教师致以真诚的问候。

10. 武穴市实验中学"尊重学生"20条建议

渴望尊重、渴望理解、渴望认同、渴望赏识是每个人深层的精神需要。尊重理念下的教育强调的是接纳、宽容、和谐和理解。教师要给学生创造宽松自由的成长环境，要尊重、理解、关注、帮助、支持、赏识学生，使学生感到被接纳、被信任。真正被学生尊重的教师，是那些懂得尊重学生的教师。为了让学生在被尊重中学会尊重，树立做人的尊严和自信，我们给广大教师提出"尊重学生"20条建议：

（1）爱迪生曾说过："教育的秘诀是尊重学生。"如果说理解学生是教育的前提，那么尊重学生就是教育获得成功的基础。

（2）每一位教育工作者都应深刻地认识到：存在感、认同感、归属感是人们的普遍追求。因此，尊重每一位学生，既是我们的使命，又是我们的责任。

（3）孟子说："爱人者，人恒爱之；敬人者，人恒敬之。"因此，尊重学生是爱的体现，没有尊重就没有爱，甚至没有教育。

（4）尊重学生更是高尚师魂的源泉。因此，教师要扮演好四种角色：一是学生学习上的良师益友，二是学生生活中的爱心天使，三是学生感情上的知心朋友，四是学生游戏活动的快乐伙伴。

（5）尊重学生，不仅需要让学生感受到你对他们的尊重，还要让他们感受到你对他们的欣赏。尊重是一颗给人温暖的"舒心丸"，给成功的学生以尊重，是对他们的欣赏；给失败的学生以尊重，是对他们的安慰。

（6）尊重学生就是要正视他们的存在，理解他们的愿望，看到他们的努力，赞美他们的成就。

（7）尊重学生就是要给学生留有充分的时间和空间让其自主学习与发展。

（8）尊重学生不是一句口号、一种外在的表现，而是一种内心的态度，是心与行的统一。

（9）尊重学生是教育的要求与精髓。尊重学生既是教育的前提条件，又是教育的基本方法和途径。

（10）尊重学生是和谐师生关系的前提和核心，是实现师生平等对话、平等交流的必然要求，是当代教育发展的基础。

（11）尊重学生就是要尊重学生的人格，教师和学生在人格上是平等的。理解、信任学生，尊重学生的独立人格是尊重学生的价值的体现。也唯有尊重学生，才能赢得学生的尊重。

（12）尊重学生就是要尊重学生的个性，不能拿一把尺子衡量学生。教师要善于发现学生的独特个性，并欣赏这种个性，有意识地加以保护和培养，给予学生发挥个性的自由。

（13）尊重学生就是要爱护学生的自尊心。初中是学生心理成长的逆反期，教师要认识到学生叛逆或逃避的种种表现都不可怕，那只不过是学生宣告他们长大、渴望被尊重的呐喊而已。

（14）尊重学生就是要尊重学生的差异。教师要承认和接受学生身心发展、认知规律的差异，面对有差异的学生，实施有差异的教育，实现有差异的发展。

（15）尊重学生就不要急于对学生做出或好或坏的评价。

（16）雨果说过："世界最广阔的是海洋，比海洋更广阔的是天空，比天空更广阔的是人的心灵。"尊重学生就是要更多地为学生着想。教师要把自己放在学生的位置去认识、体验和思考，要深入学生中去了解他们的心理活动。

（17）中国有句古话："严师出高徒。"教师对学生的严格要求也是对学生的一种尊重，但要严得恰到好处。为人师者，不严可能会误人子弟；严得不恰当，也可能会误人子弟。

（18）尊重学生就要尊重他们的情感。情感是行为的动力，学生在校的一切活动都与他们的情感体验密切相关。学生只有在良好的情感状态下，才能安心接受教育。班主任应把与学生建立良好的、合作式的、愉悦的、相互信任的、亲密的情感关系作为重要的工作目标。

（19）尊重学生就要尊重他们自我管理和参与管理的权利。班主任要信任学生，引导学生进行自我管理，大胆地让学生进行自我管理的尝试，为学生参与班级管理创造条件和契机。

（20）因为学生，教师的存在才有了意义，教师应对学生怀有感恩和尊重之情。

11. 武穴市实验中学"尊重家长"9条建议

（1）家长到校，应主动给家长让座、倒水，要有为人师表的风度和人格魅力。

（2）对于犯错误的学生，与家长沟通时应注意控制自己的情绪，不能出现"爱屋及乌"的"晕轮效应"——本来是孩子的过错，由于恼怒而把不满发泄到家长身上，从而伤害家长的感情。因此，在与家长交流时，教师要客观对待学生的错误，以商量的口气与家长共商教育方法。

（3）与家长谈话讲求方法和策略。尽可能先说、多说学生的优点，不应该当着学生家长的面训斥学生。可在一个单独的环境里向家长说明情况，与其形成一致意见。

（4）虚心听取家长的意见和建议。教师以平等的态度对待家长，尊重家长的人格与观点，耐心、虚心、诚心地听取家长的一些合理有益的建议，努力营造和谐、轻松、愉快的交流环境，家校才能保持协调一致，沟通才会更加有效。

（5）体谅家长的怜子之心、爱子之情。舐犊情深是天下所有父母的天性，教师应当充分理解和体谅家长的这种情感，宽容家长在这个问题上的一些不理智的言行。在教育学生时，教师一定要严慈相济、宽严有度，用爱子之心爱学生，让家长放心、满意。

（6）理解家长在生活、工作方面的压力。和教师一样，家长除了教养子女、照顾家庭外，还有工作、生活，而且工作的压力可能非常大。因此，教师要充分理解家长的苦衷，不苛求家长，不把教育责任转嫁给家长。

（7）主动向家长宣传学校的办学理念、教育思想以及教育方法。教师应该主动与家长沟通想法，宣传和介绍学校的办学理念，使家长了解学校的管理模式、对学生的要求等，以便家长积极配合学校的工作。教师还应该让家长了解自己的教育思想、教育教学观念，力求得到家长的认同，从而使家长通过先进的教育思想、教育理论调整自己的教育观念，有效地配合教师的工作。

（8）中肯而委婉地对家庭教养方面的问题提出意见和建议。教师的工作不局限于学校，还要辐射到家庭和校外。为了增强学校教育的实效性，教师必须赢得家长的配合与支持。而家长在教养孩子方面可能存在不正确、不科学的做法和想法，教师作为专业的教育工作者，应该对家长的家庭教育给予指导，让家长走出教育中存在的误区，根据学生的实际情况给家长提出建议。对于家长在观念上存在的错误认识、在教育孩子过程中出现的错误，教师应该本着对学生高度负责、对家长高度信任的态度，开诚布公而又讲究策略地批评、指明，促进家长反思和转变。

（9）平等对待每一位家长。教师接触的家长群体来自社会各界，情况比较复杂，家长的社会地位、经济条件等也可能相差悬殊。教师要平等对待每一位家长，在与家长交往的过程中应一视同仁，切忌以社会地位、经济条件、受教育程度和学生的学习成绩、排名、表现等区别对待家长，更不能因学生犯错而迁怒于家长。

12. 武穴市实验中学"尊重课堂"15条建议

（1）课堂是校园神圣的领地，是理性的通道、智慧的殿堂、梦想的工厂……生命在这里成长、丰盈，文化在这里传承、演绎。因此，教师应对课堂保持敬畏之心。

（2）成功的课堂始于一种对知识、对话的期待。教师如能提前三分钟进入教室，往往可以收到意想不到的良好效果。

（3）师生间相互问候和行礼是不可忽视的细节，是怀虔敬之心进入课堂的良好开端，也是师生相互尊重和尊重课堂的体现。

（4）得体的衣着、整洁的仪表与清爽宜人的环境是相得益彰的，会令课堂充满愉悦。

（5）把灵魂融入教育，把生命融入课堂。人生的阅历、生活的感悟、知识的积累、智慧的嬗变会让教学设计更加精彩，而突破预设的生成通常能带来课堂上意外的收获与惊喜。

（6）课堂由每一个充满个性的学生组成。教师要做到眼中有书、心中有人，教师对动态学情的把握比对课标、教材的钻研更加重要。

（7）教师的情绪就是课堂的气氛。教师走上讲台就当忘却生活中的一切冗杂，用爱心激发探究欲望，用耐心营造思考氛围，用激情掀起课堂高潮。

（8）用问题引发思考，"我思故我在"。最美的课堂永远有深刻思维的流淌，而不仅仅有美妙语言的表达。

（9）必要的讲授是一门高深的艺术。"不愤不启，不悱不发。"教师讲在当讲时，讲在当讲处，才能取得更好的教学成效。

（10）课堂应该是动静结合的。教师走下讲台才能更深入地了解、掌握学情，深入思考方能进入宁静致远的境界，让学生进行探究和讨论才能有思维的火花迸发。

（11）教师要长期关注学困生。

（12）教师和学生都是课堂的主人。教与学的互动、互促、互生造就了课堂的精彩，也成就了教师的专业发展。优秀的教师会努力把自己变成永远处在学习中的"学生"，而把学生教成能够自学的"教师"。

（13）以流利标准的普通话打开交流的通道，以规范美观的板书浓缩课堂的精华，以恰当熟练的多媒体运用让课堂更加精彩纷呈。

（14）提前进课堂，铃响即下课，守时永远是美德。

（15）每一节课是相对独立的个体，所有的课又是相互关联的整体。知识的前后关联、能力的持续培养、情感态度和价值观的一贯熏陶都在其中。用心上好每一节课，让课堂成为学生生命中的美好记忆，也成为串联教师熠熠发光生命历程的美丽链条。

13. 立钟记

2021年5月，校长胡起水率全体师生立钟勒铭。

此处楼望青山巍立，门对大江奔流，地灵人杰，风生水起。新元复开，万象更新，砥砺前行，又历四载。教学质量攀升，"十连冠"声振鄂东；校园文化鼎盛，百强校誉满荆楚。经校委会集体研究，特立钟纪史，以期承前启后，不忘杏坛初心；培智传道，造福桑梓之地；立德树人，为国多育英贤。

黄钟铭

辛丑孟夏，武穴实中。为铭校史，铸范黄钟。

其高五尺，古朴穹窿。其形也敦，其声也宏。

形敦貌厚，重器天成。启我学子，为人诚恭。

声宏意远，振聋发聩。启我学子，勿忘初衷。

钟以明心，本立道生。启我学子，思睿观通。

钟以弘道，薪火传承。启我学子，立德立功。

钟以醒世，踔厉奋发。复兴中华，雄立亚东。

书香致远　超然物外

学校里有图书馆并不稀奇，但如果学校里有个性化书吧，是不是很特别呢？

物外书吧

今年暑假，学校新建了物外书吧。在这个喧嚣的时代，人们向往的是一种平静、一种平凡。超然"物外"不仅是一种境界，更是价值观、世界观的改造和敬业精神的体现。物外书吧，是专为教职工打造的一方栖息之地。

物外书吧是由学校总务处仓库"变身"而来，笔者亲自参与设计。它集阅读、分享、研讨、社交等多项功能于一体，是主要面向校内教师开放的高品质公共文化空间。

物外书吧整体设计古朴生动。门口木制步道上的活字印刷术雕塑和门上的金字牌匾相得益彰。书吧内的书籍全部由教师选定，他们根据各自的喜好和需求列出书单，由学校集体采购；书架上的摆设均由教师们主动推荐，如香案、编钟、折扇等工艺品不仅物美价廉，还契合书吧的设计风格，特别受教师们的欢迎。

物外书吧读书方式多样。我们设计了卡座、实木沙发、茶台等多种形式的桌椅组合，以满足教师们阅读、分享、研讨等不同的需求。工作之暇，授课之余，教师们推门而进，在这里静心阅读一本好书，或品一壶清茶，或与同事进行教学研讨，聊聊关于教育的梦想，多么惬意！

清廉书吧

清廉书吧建在学校图书馆内。我们在图书馆楼梯间和走廊打造了廉政文化廊。楼梯间以图文说廉的形式张贴着以"廉政之风""浩然正气""清风正气""铭于心，见于行"为主题的系列标语，其以莲为底色，配以梅、竹点缀，画面古朴生动，严肃活泼；走廊廉政墙上，集中展示着我国古今历史文化名人的廉政事迹，还开辟了读书心得栏，定期更新师生的学习心得；图书馆大门两侧也贴上了清廉标志。

走进清廉书吧，关于廉洁自律的诗句、警句随处可见。

图书馆总面积约500平方米，分为阅览室和读书吧两部分。

南边的阅览室专门设立了廉洁书架，摆放了三类廉洁教育书籍，分别是清廉教育图书、诚信教育图书、法治教育图书。阅览室里整齐摆放着书桌和56个阅读座位，可容纳一个班级。我们创造性地将阅读课堂搬到了图书馆，学生在这里看书、读书，老师辅以指导、示范，最后学生撰写、分享读书心得。相比传统阅读方式，这种"有声"阅读更受师生欢迎。

北边的读书吧供学生进行个性化阅读，书架下设有固定软包凳，另摆放16个阅读座位。读书吧后方专门隔出一个约40平方米的阅读榻榻米，学生可席地而坐，可身倚书架，也可以和同学背靠背一起阅读。比起在桌椅前，在这里阅读更加随意、舒适。

各类开放式书吧

为营造读好书、好读书的氛围，学校因地制宜，在行政楼、教学楼、教师办公室、教室、食堂专门设置了书吧。原本空闲的区域，经过学校的巧妙改造，点石成金，面貌焕然一新，成为阅读的乐园。

这些书吧都是开放式的，无须登记注册即可自行进入。它们使师生不受时间限制、不受形式约束，在课余时间能方便地阅读到自己喜爱的书籍，为爱读书的师生开辟了广阔的阅读天地。

我们还在每个班都设立了图书角，由各班学生自主管理，让每位学生都成为图书馆的小主人。

"腹有诗书气自华"，书籍之于师生，是流躺在血脉里的深沉情愫，正如河南日报报业集团驻信阳记者站站长、中国书画艺术家协会副主席胡巨成参加物外书吧揭牌仪式时所说，"书吧的成立，既能推动教师的专业发展，又可以为书香校园建设营造良好的氛围，是校园文化引领的一块圣地"。

希望师生可以在书吧开启希望与梦想，用读书丰富自己的内心世界，以此点亮并成就自己的人生。

第三章

创新管理　推动运转

管理模式：线块式、一级两部

以"三心"推进"尊重"，聚众智谋求发展

——武穴市实验中学以创新管理推动学校高质量发展

2017年，武穴市实验中学开始深入贯彻"尊重教育"理念，践行"三心"育人实践模式，推行"线块式""一级两部"扁平化管理模式。五年办学成绩优异，验证了学校教育理念和管理模式的成功。

一、贯彻先进理念，引领学校发展

先进的办学理念是一面旗帜，可以引领学校正确的发展方向。早在2008年，武穴市实验中学就已确立"尊重教育"办学理念，并经过数年探索，总结出"尊重教育"理念的"三要义"——尊重规律、尊重人本、尊重发展。在"尊重教育"理念引领下，学校、师生步入和谐、健康发展的轨道。

2017年，笔者履职武穴市实验中学，开始思考：如何在继承优良办学传统的同时实现创新发展？如何进一步提升教育教学质量，推动学校迈上新台阶？如何引领学校进入可持续发展的轨道？

经过一番探索，我们在"尊重教育"办学理念的基础上，进行细化、丰富和延伸，适时提出"三心"育人实践模式，即"心存教师，引领发展；心想学生，助力发展；心系家长，协同发展"。

教育从来没捷径。以人为本，尊重规律，严格按照教育规律办事，是

"三心"教育思想的基础，也是提升学生素质的立足点，更是办好学校、实现学校高质量发展的动力源泉。

二、创新管理模式，加速学校运转

科学的管理是有效贯彻办学理念、实现学校健康运转的保障。武穴市实验中学班多人众，目前有78个教学班、300多名教师、5000余名学生，可谓"摊子大，管理难"。因此，我们依据具体校情，创新管理模式，推行具有内部竞争机制的"线块式""一级两部"扁平化管理模式。

所谓"线"，就是从校长到分管校长再到处室领导，从上到下，一线贯穿；所谓"块"，就是年级部。学校三个年级分为六个年级部。"线"的职责是"设计—指导—考核—评价"，"块"的职责是"执行—落实—协调—反馈"。

所谓"一级两部"，就是将一个年级分成两个均衡的学部，它们既相互竞争，又协调合作，在扁平化管理模式下实现管理效益最大化。

"线块式""一级两部"扁平化管理模式，是实验中学管理改革的创新成果。正是学校管理"一盘棋"，贯彻落实上级精神"不走样"，才使得各项教育教学工作得以扎实高效地推进，学校得以步入发展的快车道。

三、打造深度教研，促进教师发展

对于一所学校而言，教研是兴教之源、发展之基，更是智力支持。推而广之，无论是管理、德育、学科教学、课外活动，还是后勤综治工作，都必须贯穿"研究"意识，提高工作质效。

五年来，围绕"心存教师，引领发展"的理念，我们做了大量细致的工作以推进深度教研。

1. 领导干部率先垂范

学校所有领导干部都"蹲点"教研组、备课组，带头参与教研，参加每周一次的集体备课会。

2. 实施"二人结队"

学校结合"青蓝工程"，实施"人才结对二人行"成长计划。从常规教学的教学设计、课堂实施到校本教研的研究课、论文撰写、课件制作，再到集体备课、教研论坛活动，结对教师均共同参与，实现合作共赢。

3. 优化集体备课

为规范教研活动，提高教研质效，学校改革集体备课会，创造性地提出并推广"5+X"集体备课会模式。其中，"5"是指四个环节：常规检查、课例研讨、心得共享、作业设计、进度部署；"X"，即其他任务，如课题研究、赛课磨课、学科竞赛、培训汇报……

4. 开设教研论坛

学校各教研组每学期举行一次学科论坛活动，从日常教学工作中提炼主题，进行专题研讨。五年来，我们所举办的"魅力语文""大美艺体""名著阅读""聚焦教学改革"等多期论坛反响强烈，影响深远。

5. 重视考核评价

学校教科室每学期均组织评选"教研工作先进级部""先进教研组""先进备课组""教科研先进个人"，并在学校总结会上进行隆重表彰。

四、提升德育实效，落实立德树人

学校坚持"立德树人、德育为首"思想，践行"三心"教育之"心想学生，助力发展"理念，多层次、多渠道地开展丰富多彩的德育活动，把思想教育做到学生心上，着力培养学生良好的行为习惯和品德修养，帮助他们"扣好人生第一颗扣子"。

1. 贯彻"一个理念"

学校德育工作贯彻"心想学生，助力发展"的理念。

2. 规划"三个阶段"

学校政教处结合各年级学生的身心发展规律，规划设计了三年德育目标和班会主题序列：七年级在规划中立志，在规范中修身；八年级在感恩中发展，在挫折中奋进；九年级在竞争中协作，在拼搏中追梦。

3. 上好"两课三操"

确保每周两节体育课，以及每天早操、课间操、眼保健操的质量。

4. 坚持"三会一讲"

坚持每周三下午的班会课、每周五早上的年级总结会（由学校各级领导集中进行思想教育）、每天午饭后的"德育十分钟"（由班主任结合班情对学生进行思想教育）、每周一的"国旗下讲话"。

5. 渗透"三个课堂"

"三个课堂"，即学科课堂、第二课堂、综合实践课堂。

6. 培养"八个习惯"

基于学生身心成长规律，学校结合教育局要求，推进"八个习惯（规划习惯、自学习惯、阅读习惯、写作习惯、运动习惯、动手习惯、书写习惯、计算习惯）"培养，力争做到所有课堂、所有活动、所有学生全覆盖。

此外，丰富多彩的德育系列活动，培养了学生优良的品质、坚强的意志、良好的习惯，全面提升了学生的核心素养，为学生的发展奠定了坚实的基础。

五、追求高效课堂，夯实教学基础

2008年，学校在经过严密论证、深入探索后，确立并推行"高效5+2"教学模式。

"高效5+2"教学模式由"高效导学""高效反馈""高效测评"三大板块构成。其中，"高效导学"属于课堂教学环节，由"创境激趣""自学指导""探究交流""课堂小结""当堂检测"五个小环节组成；"高效反馈""高效测评"两个环节属于课后练习和检测环节，是课堂教学的延伸和升华。

先进的教学模式给学校课堂教学带来了充足的活力，使课堂成为"以生为本，以学定教，助力学生自主发展"的最佳平台，为学校教学质量的提高奠定了坚实的基础。

六、丰富课程体系，发展学生个性

根据多元智能理论，学生的发展应该是全方位的，即"德育为首、智育为基、五育融合"。"让书声和歌声在校园里响起，让掌声和笑声在课堂上响起。"这是笔者常向学校领导班子倡导的"校园四声"，也是课程丰富灵动的具体体现。

我们围绕"心想学生，助力发展"的理念，充分挖掘教师资源，发挥教师的专业特长，组建了田径、合唱、舞蹈、书法、乒乓球、羽毛球、非洲鼓、器乐等兴趣小组，做到"固定位置、固定教材、固定老师"，使每个学生学有所得、学有所长；在周二、周四第八节课，全面开展"一班一特色"活动，共同开发校本课程，打造"第二课堂"，丰富课程体系；以学期为单位，以"五节一活动"实践模式为载体，让每个学生都可以找到属于自己的舞台，成为优秀的"舞者"。

丰富的课程、多彩的活动擂响了学生发展的战鼓，激活了校园文化，提升了学生核心素养。在市内外各级各类文艺特长比赛中，实中学子频频获奖。

七、保障安全、后勤，服务师生发展

搬入新校区以来，我们时刻"心存教师""心想学生""心系家长"，全力以赴为广大师生打造安心舒适的办公、学习、生活环境。学校为老师添置配套办公设施，新建停车棚；食堂丰富的菜品菜系、舒适的进餐环境、浓厚的餐饮文化、健康的营养方案赢得师生和家长认可与称赞。2018年，学校食堂获武穴市食品安全管理先进单位、黄冈市"放心食堂"等荣誉。

师生安全重于泰山。为确保校园安全，学校先后投入30余万元，在大门、围墙、楼梯、食堂等重点区域安装了110个高清数字监控摄像头，进行全天候、全方位、无死角监控。在人防方面，从校门口第一道防线开始，就有保卫人员日夜值班，每天下午放学，学生有序站队、领导值守、学生会干部参与，列队放学已成为校园一道亮丽的风景线。此外，学校还将安全教育融入课堂。政教处在年初岁末会给初三学生上思政课，疏导学生的心理压力，及时纠正学生的不良行为；每逢周五、节假日，学校公众号都将编发相关安全提醒内容；不定时邀请辖区派出所民警入校举办讲座，提高学生的安全防范意识，增强学生的法治观念。

学校多措并举，形成了全方位、立体式、多层面的校园安全管理模式，有效地为学校各项工作健康运行、服务师生发展、决胜中考保驾护航。

经过五年来的努力，"尊重教育"理念下的"三心"育人实践模式的效果已经得到了充分的验证，也给了我们两点启迪：

关于"发展"。发展是硬道理，发展是主旋律，发展是大方向。为了把学校的一切工作都引领到健康发展的轨道上来，我们选择"尊重教育"理念作为引领发展的旗帜，选择"三心"育人实践模式作为推动发展的抓手，最终取得了辉煌的成绩。

关于"人本"。学校管理就是做好"人"的工作。理顺"人"的关系，做好"人"的工作，充分发挥"人"的积极性、主动性、创造性，对学校的发展至关重要。

管理过程：总结与回顾的呈现

用心铸就实中明天的辉煌

各位领导、老师、朋友们：

大家好！

从我上任到今天已经快半个月了，在这段时间里，我经历了一些事情，也有了一些自己的感悟，想借这个机会与大家交流一下，希望得到大家的理解与支持。

一、学校安全关乎生命，安全责任重于泰山

到校的第一天，我就跟分管学校安全工作的朱书记进行了交流，了解了学校的一些现状。武穴城区人口密集，结构复杂。各位老师要始终把学生的安全工作放在首要位置，安全工作就是"1"，没有这个"1"，后边有再多的"0"也等于"零"。我希望学校总务处、综治办要加强学校安全隐患排查，加大整改力度；班主任要做细做实学生的思想工作，提高学生的安全意识，防患于未然。

二、教育质量决定生存，服务意识源于忠诚

大家都知道，我们实中人近几年在余校长的率领下，教育质量一步一个台阶、教研工作一年一个气象。一个个荣誉，是我们全体实中人用辛勤的汗水和热血浇铸而成的。作为新任校长，我意识到肩上责任重大，深刻认识到自己不仅仅是学校的管理者，更是学校的服务者，应该为实验中学全体师生服务。

三、遵纪守法关乎未来，法制意识终于公平

目前，学校个别教师法治观念淡薄、纪律意识不强，所以我在这里给大家普及一下相关法律：

《中华人民共和国教师法》第八条，教师应当履行的义务第二款规定，"贯彻国家的教育方针，遵守规章制度，执行学校的教学计划，履行教师聘约，完成教育教学工作任务"；《中小学教师职业道德规范》从教师队伍现状和实际出发，面向全体教师，对教师职业道德提出了基本要求，是需要每位教师自觉遵守的行为准则；《中小学教师违反职业道德行为处理办法（2018年修订）》第四条应予处理的教师违反职业道德行为第十项提到，组织参与有偿补课，或为校外培训机构和他人介绍生源、提供相关信息。

希望各位老师严格遵守相关的法律法规，提高自身的法制意识。

四、细节、小事决定成败，平面管理彰显风范

以前董校长提出的"破窗理论"、余校长提出的"精细化管理"无不体现出细节、小事在学校管理中的重要性。学校越是庞大，就越要进行精细化管理。我校建校时间长，有深厚的文化积淀，是武穴市龙头学校、武穴市对外窗口学校、湖北省教改名校、黄冈市示范学校。只要我们用心建设，进行精细化的管理，就能取得更大的成就。

五、凝心聚力战胜困难，同心同德勇往直前

"人心齐，泰山移。"我们是一个大集体，要有共同的发展目标。我希望大家共同努力，把实验中学建设成我们幸福的家园、孩子成长的乐土，让实中的校园到处充满阳光，充满快乐。凝心聚力、同心同德是实现学校快速发展的必由之路。过去的辉煌离不开大家的凝心聚力，面对新的挑战和机遇，大家更要同心同德。我们肩负着前所未有的艰巨任务，需要一心一意、脚踏实地地开展工作，想新招、谋绝招、用实招，团结一致，埋头苦干。

"长风破浪会有时，直挂云帆济沧海。"我相信，有我们市教育局领导的悉心指导，有我们全校教职员工的共同努力和支持，我们一定会创造出更美好的明天！

最后，我衷心祝愿我们实验中学的全体教职员工永远健康快乐、永远幸福美满、永远青春阳光、永远好运相伴！

扬帆起航，向"规范有序、和谐美好"的办学目标前行

——武穴市实验中学2017年秋期末总结

各位教师、各位同人：

大家好！立春到来万物苏，春景怡人艳阳照。寒假即将来临，离春节还有12天。此时此刻，在新年旧岁、上下学期交替之际，回首过去，我们百感交集，有太多的回忆和不舍；展望明天，我们信心百倍，有太多的愿景和设计。下面，我想讲两点内容。

一、过去工作的回顾

（1）"尊重教育"深入人心。尊重教育的核心是对师生的尊重，是对规律的探求，是对制度的敬畏。我们倡导的"心存教师""心想学生""心系家长"，以及最终要实现的"良心"教育都是围绕"尊重教育"这一主题展开的。为了学生，我们孜孜不倦，一心教书，这是对未来的关切、对学生的负责；为了自己，我们"加油""充电"，自我提升，这是对自己的尊重。尊重，是我们学校不变的理念，是开展好学校各项工作的思想基础。

（2）校园搬迁载入史册。搬入新校区后，师生精神面貌焕然一新，校园环境更加美好，搬迁工作已告结束，创建省级示范学校迫在眉睫。

（3）各类表彰激发活力。我们通过"感动实中人物"的评选等活动树立典范、弘扬正气、表彰先进，让真抓实干的带头人登台，让默默奉献的"老实人"亮相。

（4）艺术表演唱响江城。我们让校园的歌声响起来，让师生的快乐凸显出来。艺术节的成功举办，给美丽的校园和严寒的冬日带来了无限的生机和

暖意，让每个学生在成长的路上留下了深深的脚印，给家长留下了良好的印象，这是我们期待的效果，也是我们期待的教育。

（5）教师福利实现稳保。本学期，教师"两贴"全额兑现，用于教师培训的资金有数万元。学校向上级争取发展资金150万元，收到社会捐资30余万元；争取市政府、教育局支持资金33.1万元，用于改造食堂设备及广播系统。学校全力保障教职工的福利，决不拖欠。

（6）领导换届顺利进行。本学期学校事务繁多，各项工作千头万绪。在新老干部的共同努力下，我们顺利过渡，"安全着陆"。

（7）学校管理不断创新。我们逐步实行了"线块式""一级两部"扁平化管理模式、副校长责任制管理模式的改革。解决了过去"摊子大、管理难"的问题。如今的管理模式初见成效，学校指令下达准确、快捷，教师的积极性得到了极大的调动。我们进行了分管领导责任制的"线块式"管理模式的改革。所谓"线"，就是分管副校长、处室领导"一竿撑到底"，不推诿，不零乱，谁接手谁负责。所谓"块"，就是一个年级组或一个备课组。例如，语文组由原来的三个备课组变为六个备课组。管理模式的创新，让管理趋于科学，走向严谨。

（8）教学质量稳中求进。教学质量是学校的生命。本学期，我们经历了语数外全市联考，经历了全市体育项目的比赛，经历了作文竞赛、"五小制作"等多场次的大型比赛活动。各类体育比赛，学校独占鳌头；全市四科联赛，学校成绩优异；"五小制作"，学校送省参评的作品众多；期中考试，学生各学科平均高低分数间差距缩小，九年级中考备考工作扎实有效。

（9）师生行为习惯有所改变。师生行为习惯最能反映一所学校的精神风貌。好的行为习惯使人受益终身。但是，目前学校在师生行为习惯培养方面还有很多不尽如人意的地方。搬迁到新校区后，我们抓这项工作的力度是空前的，虽然师生行为习惯有所改变，但离要求还有一定的差距。我们将不遗余力地常抓不懈，促进全校师生良好行为习惯的养成。

（10）校园环境有所改善。环境是影响心绪的外物，环境更是陶冶情操的要素。无论是在自然环境还是在文化氛围方面，我们都着力设计，精心打造，尽量让师生生活在一种愉悦的环境之中。如今的实中，春有花，夏有树，自然风景美不胜收；墙有字，壁有诗，文化氛围赏心悦目。实验中学校园已经成为人们景仰和心仪的校园，真正实现了集美化、亮化、绿化、文化于一身的武穴市对外"窗口学校"。

（11）补课之风得到遏制。本学期学校通过学期前的动员会，学期中的自查会，期末的家长反馈会，对办班补课现象下猛药、出重拳，一抓到底，坚决向办班补课说"不"，已取得了阶段性的胜利。希望全体教师不"碰高压线"，不"闯红灯"，用教师独有的人格尊严，赢得学生和家长的好评，赢得社会的尊重。

过去的半年，是极不平凡的半年，我们经历了很多，也收获了很多。我们要做到成功而不骄，遇挫而不馁，逢难而不畏。自履职以来，作为一校之长，我为实中人的纯朴和善良、为实中人的精神和正气所感动。我来自农村，我是农民的儿子，每每遇到烦心事，我总是想到我的老师，我的班主任。人心比己心，面对复杂的情况，我常想：没有什么过不去的坎，逢山开路，遇水搭桥，校长也好，教师也罢，都要有一个信念——将工作进行到底！在此，我要感谢各位教师，感谢各位班主任、各位领导对我个人和学校工作的大力支持。

二、新学期工作的设想

旧岁已展千重锦，新年再进百尺竿。历史只会眷顾坚定者、奋斗者、搏击者，而不会等待犹豫者、懈怠者和畏难者。今天，我想借此机会，重点谈谈下学期工作的思路和设想。

（1）深入推进"线块式""一级两部"扁平化管理模式。年级由副校长负责全面管理不改变，各部正主任负责抓教学质量、各部副主任负责对接各处室工作不动摇；副校长分管各线工作"一竿撑到底"，各处室主任管好各自"责任田"，"一包到底"。"一级两部"要形成浓厚的、公平的、合作的竞争态势，切实强化分部管理的各项举措，总结分部管理的经验和教训。

（2）继续加强学生行为习惯的养成教育。政教处要确定每学期班会系列化主题，会同班主任查找问题根源，寻找解决问题的办法，把中学生行为习惯的养成教育作为重要的研究课题。政教处、学校团委、学生会要充分发挥学生干部的作用，培养学生的自治能力。

（3）继续推进尊重教育，切实提高教师幸福指数，构建和谐美好的实中校园。第一，要增强全体教师爱岗敬业的荣誉感和自豪感。第二，要加大教师业务培训的力度，充分利用"名师工作室""名班主任工作室"等平台培养教师，让全体教师在平凡的岗位有获得感、成就感。第三，要关爱每位教师的生活，年级组和学校工会的领导要成为教师的贴心人，关注教师的身体健康和家庭状况，解决教师的后顾之忧。第四，要切实保障教师的福利待遇。

（4）全力打造校园文化，构建和谐美丽的校园环境。校园文化是学校历史的沉淀和学校师生精神的体现，以文化育人、用环境陶冶人是我们每位教育工作者的责任所在。班主任首先要创设良好的班级文化氛围，校办、政教处要规划好校园的每一面墙、每一个角落、每一处景观，设计要上档次，内涵要有品味，形式要多姿多彩。

（5）加大教育宣传力度，让实验中学走出黄冈，走向湖北。学校要培养一支懂宣传、会宣传、能宣传的通讯员队伍；挖掘教师的典型事例，提炼办学经验，弘扬正能量，推介新做法。学校将划拨专项经费，奖励为教育宣传、学校宣传做出贡献的教师。

（6）进一步完善、规范综合考核评比工作。继续使用过去既定的考核办法，如每学期期末的25%量化考核。综合考核的目的是调动全体教职工的积极性。新学期，我们将从"考勤""绩效""四优"三个维度，进一步改革、完善综合考核办法，奖勤罚懒，充分调动每位教师的积极性。

（7）全面全员核定工作量，力求公平公正，确保按劳计酬。寒假期间，我们将举全校之力，聚全体教职工智慧，由教师个人填意向表，由教代会确定工作量标准，依据国家劳动法，全面全员公开每位教职工的工作量，坚决执行教代会通过的方案，让每一位教职工多劳多得、不劳不得，让公平正义充满校园，让教职工的辛勤付出得到应有的回报。

（8）深入开展全员教研工作，力促常规教学，确保教学质量的提升。不做教研的领导不是优秀领导，不做教研的老师不是合格老师。对此，我们要扎实做好三点：①上行下效，一级抓一级，注重经常性，注重落实。具体做法是：在每周行政例会上，校长查副校级，副校级查主任、副主任；利用每周固定的教研活动时间，"蹲点"领导、备课组组长查教师。要做到一查到底，实行检查责任制、问题追究制。②力促常规教学，包括备、批、讲、改、辅五个环节和听课记录。要把常规教学工作作为教学质量提升的基本要求。③力推"4+X"教研模式。我校有浓厚的教科研氛围，教研组和备课组分工明确，每周教研会都有研究的主题，有专人发言，形式多样，效果良好。我们要巩固这一成果，把"4+X"教研模式固定下来，使其成为实验中学教研活动独有的特色和亮点。各位领导在常规教学工作上要毫不含糊，做好表率。

（9）全面深化课堂教学改革，倡导精讲多练。教师要让学生成为课堂的主体，自身作为主导，把时间留给学生、把黑板让给学生、把掌声送给学生，把反思留给自己、把探究留给自己。构建有效、有益、实用、适合的课堂模式，将是我们新学期必须突破的难点和重点。

（10）巩固均衡教育成果，规范学生学籍管理，确保班级人数不超过国家规定人数。今年秋季招生不再招收片区以外的学生，以减轻学校办学压力和教师负担。

（11）扎实有效推进"第二课堂"，形成特色班级，由"一班一特色"逐步过渡到"走班制"。由专业的体、音、美教师担任各类兴趣小组专业课程的教学工作，确保学校办学特色鲜明。这一举措下学期先在七年级全面铺开，政教处要制订切实可行的方案，一抓到底，办出成效。

（12）周密实施教研课题，打造实中教研新亮点。教研工作是学校和教师自我提升的"航空母舰"。教研重在"研"，即研究课堂、研究教材、研究学生、研究教法和学法，要为学校教学质量的提升提供有力的支撑，为教师的成长、成功提供广阔的舞台，使学校拥有亮丽的名片，成为兄弟学校可以参照的学习范本。

（13）加强师德师风建设，规范办学行为，努力打造一支师德优良、业务精湛的实中班主任队伍和教师队伍。政教处要制订切实可行的方案，把班主任的绩效考核和日常工作相结合，把班主任的教育教学行为与师德师风的考核挂钩，实行一票否定制。学校要内强素质，外树形象，努力创办人民满意的教育。

（14）筑牢学校安全防线，确保师生生命安全和财产安全。校园安全重于泰山，要防微杜渐，消除一切安全隐患，确保校园安全。要做好门禁系统防范工作，不得让外部人员随意进入校园；做好家访工作，及时与家长沟通，填好家校联系本中的内容；开好专题班会，做好防溺水、防触电、防盗、防欺凌等宣传工作，以预防各种意外事件的发生。

（15）稳步推进"德育十分钟""第二课堂"等常规化工作的落实。各年级组、各处室要明确职责、责任到人、落实到位，加大值日领导巡查力度，多指导、想措施、勤通报，提高独立处理各项事务和问题的能力，全面实施精细化管理，用制度公平对待、用细则客观考评每一个班级和每一位教师。

（16）切实加强学校后勤管理，树立为师生服务的意识。学校食堂要让师生吃得好、吃得饱、吃得安全。后勤人员要核定工作量，定岗、定责，参与学校考核，规范管理，各司其职。下学期学校将针对后勤工作出台具体的措施。

（17）将党建工作作为学校的重点工作。在学校党总支的领导下，相关部门要切实发挥全体党员在教师队伍中的先锋带头作用，切实发挥党员教师在教育教学实践中的引领作用。

（18）学校工会组织要充分发挥群团组织的作用。学校工会组织要选好勇于谏言、敢于担当、勤于工作的教工代表；积极谋划学校发展大计，完善学校相关规定和政策，为实验中学的发展壮大做出贡献；搭建学校与职工沟通的桥梁，化解各类矛盾纠纷，适时组织开展有益于教职工身心健康的活动，想方设法提高教职工福利待遇，保障教职工合法权益不受侵犯，成为全体教职工的"知心人"。

老师们，时光飞逝，转眼间我们迎来了2018年。今年，是实验中学建校40周年，作为实中人，我们有责任继往开来，我们有信心再创辉煌。我们的远期目标是：创建湖北省示范学校。我们的近期目标是：全面办好规范、有序、和谐、美好、人民满意的新实中。我相信，幸福是奋斗出来的，实验中学的辉煌也是奋斗出来的，只要不驰于空想、不骛于虚声，一步一个脚印，实验中学的明天一定会更加美好！

最后，在新春佳节即将来临之际，我衷心祝愿各位教师、各位同人，身体健康，新年快乐，合家幸福！在此，我给大家拜个早年！谢谢！

乘改革春风，做时代追梦人

——在实验中学2018年秋季期末总结大会上的讲话

胡起水校长讲话

老师们：

春风送暖，金猪接福，在这辞旧迎新之际，我们欢聚一堂，隆重召开2018年度期末总结大会。在此，我谨代表校委会，向各位老师一年来的辛勤付出表示衷心的感谢！下面，我将一年来的工作总结如下。

一年来工作的回顾与反思

2018年，是改革开放40周年，也是学校建校40周年。这一年，在全体教职工的共同努力下，学校的各项工作稳步推进，成效显著。

一、办学理念与思想

在今年的教师节，习近平总书记出席全国教育大会并发表了重要讲话。

他就教育的根本问题，提出了一系列新理念、新思想、新观点，同时指出，要"加快推进教育现代化、建设教育强国、办好人民满意的教育"。

2018年，学校继续以尊重教育理念为基石，贯彻落实"三心"教育办学思想，心存教师、心想学生、心系家长。"三心"教育办学思想符合创办人民满意的教育的目标，是对学校尊重教育的继承与发展，也是学校理论联系实际的一次创新。

"三心"教育是一个包容学校、家庭、社会的共同体，还是一个不断变化、运动的系统。它给教师以关心，给学生以信心，给家长以安心。"三心"教育让实中焕发出前所未有的生机，让学校成为老师的温馨家园、学生的梦想乐园、家长的放心校园。

二、成绩与荣誉

（一）立德树人正风气

（1）坚决落实党的教育政策，统一思想认识。在今年的全国教育大会上，习近平总书记对教育改革发展提出一系列新理念、新思想、新观点：坚持党对教育事业的全面领导，坚持把立德树人作为根本任务，坚持优先发展教育事业，坚持社会主义办学方向，坚持扎根中国大地办教育，坚持以人民为中心发展教育，坚持深化教育改革创新，坚持把服务中华民族伟大复兴作为教育的重要使命，坚持把教师队伍建设作为基础工作。这是对我国教育事业规律性认识的深化，来之不易，需要我们始终坚持并不断丰富发展。在实际工作中，我们坚决抓师德师风建设，重视对党员干部的思想教育。今年，我们已经连续多次召开党员民主生活会议，号召全体老师坚定信仰，廉洁执教，与不正之风划清界限。此外，我们还发展了新的党员，让我们党员队伍更加壮大。

（2）全力打击办班补课，坚决消灭有偿家教。2018年，我们以坚定不移的信心、前所未有的举措，终于把违规补课的歪风邪气遏制住了，社会对学校的满意度也提高了。长期以来，社会对教师办班补课之风深恶痛绝。学校坚决对违规补课说"不"，严格遵守教育局的相关规定，领导带头，严查严管，严厉打击。

（3）严格执行"一科一辅"，杜绝乱收费现象。"减负"问题是全社会关注的重要问题。学生的作业负担是教育改革的重要议题。学校严格遵守"一科一辅"规定，同时考虑到学生学习的实际需求，适当配备一本教辅资料，但是要求各年级登记在册，做到有档可查。除此之外，严禁老师向学生推销教辅资料，切实减轻学生负担，真正履行国家的相关规定。

（二）学校管理讲科学

"线块式""一级两部"管理，是学校的创新化管理模式。一年来，该模式已初见成效。学校的各项工作，从管理到教学，从后勤到一线，都严格遵循科学、规范的原则。

（1）"线块式"管理使处室工作条理分明。本学期，我们整合了处室，理顺了各线工作。党办、信息中心、财务室归口办公室，艺教归口政教处，其他功能室归口教导处，行政会议分线召开。改革后的各处室各自规划工作，制订年计划、月计划、周计划，并狠抓落实。坚持一周一汇报、一周一落实，未能按时完成者，须说明原因，并及时完善和跟进。机制改革、人事改革，使管理更科学、更规范，在科学安排和规范管理中提高了相关人员的工作效率、管理质量和管理能力。

（2）"一级两部"管理使年级工作井然有序。各级部之间既是合作关系又是竞争关系，共同推进年级工作的顺利开展。各级部坚持当日情况展板汇报的制度，使年级工作做到日日清、周周清，发现问题及时整改，使管理更加公开透明。

（三）教学教研创新法

教学教研是教师的根本职责。做好教学教研有方法可寻，也有技术可讲。今年，学校从各个方面遵循科学规律办事，严把课堂教学、创新科研关，制定了相关制度，出台了相关措施，切实提升了课堂效率，提高了教学成绩。

（1）教学改革求实效。学校从推门听课、规范备课、革新课堂模式等教学环节进行改革。一年来，校级领导推门听课人均40节之多，领导深入教学一线，积极发现问题、解决问题。"4+X"新型备课模式，提高了备课效率，使备课更有针对性与指导性。课堂是教学的主阵地。我们根据学生身心发展规律，充分尊重学生在学习中的主体性，给予学生充分的时间学习、消化、运用知识。我们尊重科学规律，将学生作为课堂的主体，课堂鲜活起来了，质效也提升了。

（2）教研创新育名师。教研是教师的重要技能，教研工作既体现了教师个人的创新能力，也有利于推进教育革新。学校制定了相关的政策，鼓励教师积极参加各级各类讲课比赛、科研创新活动，培养教师的创新能力，鼓励教师探索个人教育教学艺术，以期让我们的教师队伍中涌现出更多的教学专家、教育大师。

（3）特色教育谋发展。学校积极开展"第二课堂"、兴趣小组，一班一特色，通过丰富多彩的活动，给予学生充分展示个性的舞台。每周二的第八节课，固定了活动时间，保证了活动质量。"江山代有才人出，各领风骚数百年。"只要我们用心发现学生、欣赏学生、鼓励学生，将来他们就是那引领风骚的杰出"才人"。

（4）继续教育提素质。2018年，学校与黄冈师范学院合作办学，其定期对学校教师进行培训，这一举措极大地提升了学校教师的教育教学技能。在湖北省网络教育培训研修中，学校教师报名率100%、合格率100%，这充分显示了学校教师的学习热情。继续教育，与时俱进，是时代发展的必然趋势，是终身学习的必然要求，是有责任感、使命感的教育者的必然追求。参加继续教育适应时代发展的需求，从长远看也有利于教师的个人成长。

（四）后勤服务创佳绩

学校食堂严抓食品安全工作，定期检查，保障师生的健康安全。2018年12月，武穴市分管教育的副市长毛永超来学校检查食品安全卫生工作，他对我们食堂的工作及饭菜质量给予了高度评价。今年，学校食堂还推行了包餐制度。包餐人数稳中有升，就餐学生对食堂整体评价较好。学校食堂让学生获得了良好的就餐体验，辛勤的工作换来了社会的充分认可。

学校工会工作同样得到教师的一致好评。"三八"节，全体女教职工赏油菜花海，愉悦了身心，陶冶了情操。冬至的一场"携手再超越，共筑实中梦"的迎春长跑活动，跑出了实中人的精气神，跑出了实中人的凝聚力。在今年的艺术节上，教师的一支《奋进》之舞，诠释了学校教师昂扬前行、奋进不止的精神。在教育局组织的教职工羽毛球赛上，学校老师敢打敢拼，赛出了风格，赛出了实力。

此外，学校也不忘关怀退休教师。重阳节，工会组织退休教师前往红安县参观黄麻起义和鄂豫皖苏区纪念园，给老教师送去一份温馨的关怀与慰问。

（五）硕果累累显成效

科学管理、人文关怀使学校的各项工作紧张有序地进行。在全体教职工的共同努力下，学校在各个方面取得了优异的成绩。

（1）中考成绩再创新高。2018年，学校中考大捷——武中录取人数首次突破300人大关！预录理科实验班45人。这一成绩的取得与学校的管理创新、课堂模式革新密不可分。

（2）学校荣誉持续刷新。在各级领导和社会各界的关心、帮助下，一年来，学校先后获得"湖北省中小学综合实力100强""黄冈师范学院教育实习实践示范基地"、全国青少年"五好小公民"主题教育读书活动"红旗飘飘，引我成长"示范学校、楚天少儿悦读季全民阅读示范学校、第二届"万步有约"职业人群健走大赛优秀团队、2017—2018年度最佳学习型离退休干部党支部、2017—2018年度全市食品质量安全管理工作优胜单位等荣誉。

（3）教师比赛捷报频传。今年，学校的教学教研活动取得了一系列优异成绩。各学科团体研课继续保持全市第一名的傲人成绩；九年级语文组程伟老师的说课《苏州园林》获得黄冈市一等奖第一名的好成绩；音乐组朱浩本老师在黄冈市中小学音乐教师五项全能比赛中代表武穴市获得了全能冠军。

（4）特色教育硕果累累。学校学生在体育比赛、演讲比赛方面表现突出，屡创佳绩。体育方面捷报连连：黄冈市第十届中学生田径运动会上，获初中女子组团体总分第四名，其中张文婷同学获得女子跳远全市第一名；获黄冈市"梅希杯"校园女子足球联赛第七名；2018年8月，学校八（19）班学生徐知非代表黄冈市参加省教育厅主办的湖北省青少年"腾飞的祖国——改革开放40年"主题演讲比赛，荣获初中组一等奖。

三、问题与反思

过去，我们取得了引以为傲的成绩。但是，如果我们只知道躺在功劳簿上洋洋得意而不知反思的话，实验中学的未来是令人担忧的。我们要正视存在的问题，反思我们的不足之处。

反思之一：师德师风建设有待加强。今年，学校严厉打击办班补课，办班补课之风得到遏制，但是违规补课的现象依然存在。个别教师法律意识淡薄，触碰底线，有偿家教，违规补课，在家长中乃至在社会上造成了不良影响，也影响了学校的声誉。我希望全体教师以立德树人为己任，加强政治学习，提升道德修养，树立良好的师德师风。

反思之二：教师参与度有待提升。"三心"教育强调"心存教师"，体现了学校对全体教师的人文关怀。学校在管理上充分考虑教师的各项合法合理的权益。为了激发教师的工作热情，我们史无前例地开展了迎春长跑活动；为了提升教师的教学教研水平，我们积极鼓励教师参与各种教学竞赛；为了让教师有舒适的工作环境，我们想方设法改善办公环境……然而，对学校的各项工作，教师参与度、推进度、完成度普遍不高，有些工作没有达到预期的目标。这种事不关己高高挂起的消极态度，既不利于教师自身的发展，也不利于学校的长远规划。未来，学校将会针对教师的发展推出一系列措施。我希望全体教师能以饱满的热情，全身心投入学校的工作，让实中成为教师的温馨之家。

反思之三：学生行为习惯养成教育有待加强。看看我们的校园，刚刚打扫干净的操场，一下课就遍地纸屑；看看我们的课堂，仍有少数学生打瞌睡、开小差；翻开部分学生的作业，字迹潦草，错字连篇……这些都在提醒着我们：是时候加强学生行为习惯养成教育了。我们将在培养学生的好习惯上下真功夫，这需要各处室、全体教师团结一致，共同努力。

四、后期的工作任务与目标

2018年，是规范办学的一年。这一年，我们奋力拼搏，过得很充实，走得很坚定。2019年，我们将迎来新中国成立70周年华诞，也是实验中学发展的关键时期，我们将如何让"三心"教育的实践深入人心？如何使"一级两部"管理更加规范？2019年，将是攻坚克难的一年。我们要抓住机遇，与时俱进，和衷共济，真抓实干，实现实验中学的跨越式发展。具体而言，我们要做到"三高""三零""三不变"。

三高：

（1）教育教学质量高水准。2019年，我们继续狠抓教学，向课堂要实效；继续落实常规管理，重视过程夯实，不搞虚架子、花架子。在此基础上，开展丰富多彩的教学教研活动，营造浓厚的教研氛围，激发教师的教研热情，使教研服务教学，提高教学质量，再创中考辉煌！

（2）校园文化建设高规格。2017年，我们提出了"三心"教育理念。2018年，我们进行了一年的教育实践。2019年，我们要将这一理念逐步融入校园文化建设：学校计划与高等院校合作，打造校园文化，创办校史馆、文化廊，让"三心"教育思想渗透在学校的一草一木、一砖一石和师生的一言一行、一举一动中；让尊重之风吹遍校园的每一个角落；让实验中学成为武穴市的教育名片。

（3）学生行为习惯高要求。"习惯决定性格，性格决定命运。"好的习惯养成必须落实到具体的行动中。2019年，学校各处室将主要针对各自的工作范围，制订相应的习惯养成方案，具体包括实施措施、过程监督、反馈改进以及评价机制，做到"四个一"，即制定一个目标、强调一个落实、形成一种机制、培养一个习惯，促使学生养成八个良好的行为习惯，实现综合素质的全面发展。

三零：

（1）师德师风零投诉。2018年，我们的师德师风评价已有所改善。2019年，我们将长抓师德师风建设不放松，让立德树人的意识深入人心。学校将进一步完善相关措施，实行领导责任制，严格督查。同时，教师自查自纠，严于律己，遵守相关法律法规，坚决不碰有偿补课"高压线"，让廉洁之风吹满校园。

（2）安全教育零事故。今年，全国各地发生的一系列的校园事故，为我们敲响了安全警钟。校园安全重于泰山。为了加大校园安全管理力度，我们从校门口第一道防线开始，严防死守，有保卫人员值班，有学校领导巡视，有学生会干部参与。同时，学校定期进行"警示教育"，扎实开展学法守法活动：在学校的订阅号上发布中学生安全常识，呼吁家长关注；邀请派出所警员进入校园举办讲座，教学生应对之法；安排学生走出校园，前往看守所参观，增强学生的法制观念，预防校园欺凌。总之，通过让班主任、科任老师参与，让家长、社会力量介入，让网络信息联动，2019年，我们将继续打造一套全方位、立体式、多层面的校园安全管理模式。

（3）合作办学零距离。2018年6月27日，学校与黄冈师范学院联合办学正式签约，武穴市实验中学也正式更名为黄冈师范学院附属武穴市实验中学。这标志着实验中学进入了一个新的发展时期。2018年秋季，学校接纳了黄冈师范学院50余名实习生，同时黄冈师范学院培训学校教师10人，双方实现了资源共享，合作共赢。此举有利于加快学校建成全省乃至全国一流中学的进程。2018年11月，"湖北师范大学教育实习基地"在学校挂牌，使学校成为武穴市首个教育实习基地。这一举措为学校注入了新鲜血液，进一步提升了双方的合作能力，密切了双方的共建关系，深入推动双方教育教学资源共享，打造优质教育平台。"他山之石可以攻玉"，学校借助周边高等院校的资源优势，发挥自身的优良传统，实现互利互惠，合作共赢。2019年，我们将与高等院校加深合作，黄冈师范学院将以新颖的教育思想、教育理念帮助我们做好顶层设计，打造校园文化。此外，院校间的合作将会进一步向着深层化、精细化发展，让更多的教师接受黄冈师范学院的培训，开阔眼界，增长见识，用新思想、新技术进行教育改革，开创教育新局面。

三不变：

2018年我们取得的辉煌成就，从根本上讲就是我们敢于创新、严于管理的成果。2019年，我们要牢牢抓住这一根本不放松，继续坚持尊重教育办学理念不变、"三心"教育办学思想不变、规矩规范办学要求不变，稳步推进学校的各项工作，使学校的发展更上一层楼！

2019年，有机遇也有挑战，大家还要一起拼搏，一起奋斗。各位老师，放眼世界，我们正面临百年未有之大变局，教育的春天也已来临。让我们乘着时代的春风，以坚如磐石的信心、只争朝夕的劲头、坚韧不拔的毅力，勇立改革潮头，勇担历史重任，努力奔跑，做新时代的追梦人！

新实中，大实中，终极目标是人民满意的好实中

——在武穴市实验中学2019年春季学期期末总结大会上的讲话

各位老师：

大家好，又到一年期末时，这个学期，在市教育局的正确领导下，在各位老师的辛勤耕耘下，学校的各项工作顺利推进。在这里，我首先感谢各位老师，感谢你们对学校工作的全力以赴，感谢你们对我本人工作的大力支持，感谢你们为学校发展做出的努力！下面，我对本学期学校的各项工作做简要的总结。

一、"三心"教育办学思想深入人心

习近平总书记在2018年全国教育大会上强调，"加快推进教育现代化、建设教育强国、办好人民满意的教育"。这一点落实到我们学校，就是要把实中建设成新实中、大实中、人民满意的好实中。为了达到这一目标，我们要把尊重教育办学理念作为基石，全面贯彻落实"三心"教育办学思想。

"三心"教育办学思想在学校经历了两年多的实践。在这一思想的指引下，教师工作热情高涨，学生学习活力十足，家长支持诚意满满。"三心"教育让学校的人心空前团结，让学校的教育推陈出新，让学校的发展引人瞩目。我们将通过实践和探索继续完善"三心"教育的具体内容：每学期将在"心存、心系、心想"方面为师生、为家长办一件实事、好事，让"三心"教育惠及师生，使全体师生看得见、感受到，让这一思想产生更多的教育成果。

二、立德树人师德师风深入人心

习近平总书记在中国共产党第十九次全国代表大会上明确指出要"落实立德树人根本任务"。所谓"立德",是指教师要以高尚廉洁的情操安身立业;所谓"树人",是指教师要以言行一致的品德教化育人。在实际工作中,我们始终围绕立德树人这一中心,狠抓师德师风建设,号召全体教师坚定信仰,廉洁执教,坚决与不正之风划清界限。

1. 正本清源,提升教师的思想认识

2018年,我们以坚定不移的信心,以前所未有的举措,全面遏制住了办班补课之风。在狠刹办班补课之风的同时,学校继续对有偿家教实施高压政策,严格遵守教育局的相关规定。今年,教育局出台了严厉的打击办班补课的规定:发现一起就查处一起,社会影响恶劣的,直接撤销教师资格,清除出教师队伍。为了防止暑期办班补课卷土重来,学校提前做好宣传工作,召开"立师德、塑师表、铸师魂"师德师风签字仪式,领导签订责任状,层层落实责任;号召教师遵守规章制度,以身作则,坚决对办班补课、"谢师宴"、"升学宴"说"不",过一个自由舒心的假期;号召学生自觉抵制非法补课,过一个安全快乐的假期。

2. 加强管理,力保师德师风零投诉

加强师德师风建设,不仅需要教师在思想上提高认识,还需要有强有力的举措落到实处。本学期,我们继续坚持师德师风的理论学习,教师人人坚持写师德笔记,人人签订师德师风责任状;领导干部分线分区,责任到人,加强巡视,强化监督。2019年,我们的师德师风管理取得了实效,无一例家长投诉事件,真正实现了去年提出的"师德师风零投诉"目标。这一成绩的取得离不开全体教师的自律,也离不开学校高效化的管理。我们要牢抓师德师风管理措施,坚守"师德师风零投诉"的底线不动摇,打造一支思想过硬、拥有大局观的教师队伍。

三、党建工作引领指导凝聚人心

2019年是中华人民共和国建国70周年,也是我们党执政的第70个年头。当前,全党上下响应习近平总书记的号召,积极开展"不忘初心,牢记使命"主题教育。学校党总支率领党员教师全面系统学、深入思考学、联系实际学,不断增强"四个意识",坚定"四个自信",做到"两个维护",牢

筑信仰之基,补足精神之钙,把稳思想之舵,以刮骨疗伤的勇气、坚韧不拔的韧劲,全面推动学校的党建工作,指引学校的教学实践。

1. 管理方式求创新

为了加强管理,学校党总支制订了"三三制"方案,即"三结合""三条线"与"争三星"。"三结合"为:平时行为与典型活动相结合,领导干部与普通党员相结合,党员教师与普通教师相结合;"三条线"为:教育管理、课堂教学和教育科研;"争三星"为:班主任争当"德育之星",一线教师争当"名师之星",全员教师争当"学习之星"。三方面交互推进,相辅相成。截至目前,学校的创先争优活动可以用三句话来概括:领导干部做榜样,业务能手做示范,党员群众结对子。在党员教师的影响下,校园风清气正,学校各项工作和谐稳定,教师廉洁从教、爱岗敬业。

2. 德育工作助教学

学校党总支坚持"求真务实抓党建,抓好党建促发展"的工作思路,用党的先进性引领学校"绿色"发展,构筑"绿色摇篮",打造内涵发展、特色彰显的教育品牌;牢固树立"育人为本,德育为先"的教育理念,完善德育工作体系,创新德育方式,丰富德育活动,推进德育与教学的融合,将德育渗透到课堂和活动中,做到主题教育活动化、品行教育渗透化、意识教育情境化;推动形成清新的校园文明风尚,使学生在校园文化的熏陶和感染下全面发展、幸福成长。

3. 定期学习增党性

为了增强全体党员的党性,更好地服务学校,学校党总支坚定执行党的各项要求,定期开展各项学习。具体举措如下。

(1)主题党日。学校每月开展一次主题党日活动,邀请教育局党组领导来校指导。各支部全员参与,无人迟到早退。学习结束后,相关成员总结报道,记录在档。

(2)民主生活会。学校每学期召开一次民主生活会,主要是党员间开展批评与自我批评。校长、总支书记率先进行,其他党员紧跟其后,让所有党员都"红红脸,出出汗,洗洗澡,治治病"。

(3)领岗诺责。学校党总支响应国家政策号召,将工作细化为多个岗位,如政策宣传岗、文明新风岗、教研先锋岗……一人一岗,落实责任,检查评比,表彰先进。此举极大地提高了党员工作的积极性。

(4)"三会一课"。学校坚持召开支部党员大会、支部委员会、党小组会，并邀请校外党内人士来校讲党课。近期，我们邀请了市直机关工委副书记钟卫星同志来学校讲课。

（5）学习强国。为了响应习近平总书记学习强国的号召，学校在职党员、教师积极参与学习。学校专门建立了教师群、政务群、支部群，每日公示学习成绩。支部间、教师间你追我赶，不甘落后，掀起了政治学习的热潮。目前，学校共有200余名教师参与学习，人均活跃度达到41.5，排全市第二。

四、"一级两部"科学管理团结人心

学校发展没有捷径可走，重视管理是第一原则。学校的"线块式""一级两部"管理方式已经经受了实践的检验，仍然在不断完善中。这一学期是磨合期，各处室、各年级部都做出了卓有成效的探索。

1. 常态管理，扎实推进

政教处扎实有效地开展各类德育活动，对每天一次的"德育十分钟"、每周一次的班会活动、每天的"两操"等都会认真检查、详细记载、及时总结。总务处严格按照校委会的要求做好后勤安全保障工作，确保全校师生的人身安全、饮食安全和财产安全。教务处常规工作有序推进，如规范课程设置、开展推门听课、筹备各项考试、落实常规检查等，有效地促进了学校教育教学质量的提升。工会积极组织校务公开，实施民主管理，参与学校决策，关心教职工工作，丰富教职工文化体育生活，营造和谐的校园氛围。三个年级、六个级部在竞争中发展，在合作中进步，圆满完成了学校布置的各项任务；年级领导工作扎实主动，在学校与教师之间起到了很好的桥梁作用，保障了上情下达和各项工作的正常运转。

2. 有的放矢，精准出击

本学期是学校学生行为养成教育的起始时期。针对上学期的规划，各处室都做了具体的工作安排，并逐一落实。政教处大力开展校园平面管理，重在培养学生良好的卫生习惯；教务处规划学生阅读活动，锻炼了学生的阅读能力，培养了学生的阅读兴趣；总务处在培养学生的安全习惯上不遗余力，入夏以来，全面开展防溺水宣传工作，未敢有丝毫懈怠；各年级各班积极配合学校工作，共同努力培养学生良好的行为习惯。所有成绩的取得，都与大家的辛苦付出息息相关。

3. 走出校门，取长补短

为了把我们的实中办得更加出色，为了提升我们的管理水平，本学期，学校组织全体领导、班主任去周边的优质学校"游学"。兄弟学校的闪光点，为我们的学校管理提供了借鉴。我认为，实中有得天独厚的优势，有优秀的教师和学生，我们要居安思危，要把实中建成风清气正、规矩规范的模范学校，建成勇于创新、特色鲜明的文化学校。这次活动是我们开放式办学思想的一次实践，今后，我们还要走得更远，见得更广。

五、教学教研活动丰富多彩激励人心

人的成长离不开学校的教育。尽管家庭是人生的第一课堂，社会是人生的终身课堂，但是人们能够真正做到全身心投入、心无旁骛学习的地方还是学校。在学校的学习影响着人的一生。因此，学校的教育既要重视文化教育，也要重视素质教育，通俗来讲，就是既要提高学生的考试成绩，也要发展学生的艺术素养。为此，学校要求课堂教学、特色教育两手抓，两手硬；教师既是教学高手，也是教研行家。

1. 课堂教学立见成效

教学质量是学校生存的保证。长久以来，学校严把教育教学质量关，推陈出新，守正创新：为了发现教学中存在的问题，学校推行校领导推门听课制度；为了规范教学流程，学校改革备课会，创造性地推广"4+X"备课模式；为了提升教学效率，学校大力推行"高效5+2"课堂教学模式。一年来，校级领导推门听课人均40节之多，他们深入一线，靠前指挥，积极发现问题、解决问题。"4+X"新型备课模式提高了备课效率，使备课更有针对性与指导性。"高效5+2"课堂教学模式充分尊重学生的学习主体地位，提升学生的学习积极性，使学校的教学质量稳步提升。

2. 特色教育延续精彩

学校积极开展特色教育，包括"第二课堂"、兴趣小组、"一班一特色"。丰富多彩的活动，给予学生充分展示个性的舞台。学校发挥专职教师的专业特长，组建了合唱、舞蹈、书法、田径、乒乓球、羽毛球等兴趣小组，做到"固定位置、固定教材、固定老师"这三点，使学生学得快乐，学有所获。学校在周二、周四的第八节课，挖掘本班教师资源，开展"一班一特色"活动，并邀请有特长的家长积极参与，打造"第二课堂"。在班主任的精心组织下，在家长朋友的鼎力帮助下，我校的"第二课堂"活动亮点纷呈。七年级的活动侧重传统文化的熏陶，"回归经典""书香流溢""书卷飘香"等活动使校园充满了浓郁的翰墨书香；八年级的活动侧重青春活力的展示，"见证奇迹""我是歌手""武动青春"等活动使校园活跃着靓丽的青春身影。今后，学校会把特色教育继续开展下去，"一班一特色"会更加开放，并逐渐过渡到"走班制"，在此基础上满足不同学生的个性发展需求，让素质教育落地生花。

3. 校本教研重在参与

一直以来，我都很重视教研，先后赴大悟、枝江、广水等地巡回讲学，围绕"建数字校园，做智慧教师"的主题，做了题为《用心绘制学校和教师发展的蓝图——校本研修活动方案的制定与实施》的报告，将学校十几年来尊重教育办学理念下的校本研修工作经验予以总结和推广。我们的校级领导身先士卒，带头推门听课，积极参加各学科教学研讨会，用先进的教学理念和教学方法引领学校发展，夯实科研强校的基础；我们的教师积极争做"教研型"教师，踊跃参与校本教研、"6+X"学科论坛、团体研课、送课下乡等活动，发挥个人特长，推动教研创新，探索教学艺术。

六、后勤保障服务育人温暖人心

学校后勤工作历来是辛苦而烦琐的，后勤人员的付出往往不为人知，但他们致力于服务教师、心系学生，为师生打造一个良好的学习生活环境。

1. 加强环境建设，打造实中名片

校园环境是学校的一张名片。为了让实中的这张名片更加靓丽，学校先后投入了大量资金进行校园基础设施建设。"全省中小学防毒禁毒示范基地"已落地学校，建设工作已基本完成，参观者赞不绝口。现阶段，学校还在加紧维修外教楼、教研楼，目的就是让师生有一个环境优美、氛围浓厚的工作、学习环境。

2. 严格食堂管理，维护校园安全

学校有近2000名师生在食堂就餐，食堂管理人员牢固树立安全第一、卫生第一、健康第一、质量第一的思想，为全校师生提供一流的服务。学校严格贯彻执行《中华人民共和国食品卫生法》，在实践中不断完善各项规章制度，使食堂管理做到科学化、规范化、制度化；专门制定了学校领导陪餐制度，建议家长"跟餐"，始终把卫生安全放在食堂管理工作的第一位。

3. 加强安全教育，打造立体模式

校园安全重于泰山。为了加大校园安全管理力度，学校先后投入大量资金，安装了80多个高清监控摄像头，其分布在大门、围墙、过道、楼梯、食堂、操场等区域，实时、清晰地反映学校安全情况。我们从校门口第一道防线开始，安排保卫人员值班、学校领导巡视、学生会干部参与、班主任老师监督，打造全方位、立体式、多层面的校园安全管理模式；针对夏季的季节特点，重点强化防溺水安全宣传，要求学生知晓防溺水的知识，坚决做到"六不"，提醒家长明确责任、监督到位。

4. 推行校务公开，丰富教师生活

学校全面贯彻执行教育工会关于"校务公开"的意见和精神，积极组织实施校务公开。对教师关心的热点问题，如学校经费、学校每学期工作安排、学校各种方案和制度等进行了校务公开。同时，学校积极组织教师参加各级各类活动，丰富教师的业余生活。2019年，学校组织教职工参加了"书香三八、智慧启航"女教职工读书征文、摄影活动，法治知识竞赛，乒乓球训练及比赛，教育局工会模范教职工之家评比活动等；继续开展送温暖活动，如组织女教职工参加"一检三查"，组织观看电影，组织端午节福利发放，组织教职工生日送鲜花、蛋糕，慰问退休教师、生病教师，等等。

七、办学成果佳绩频传振奋人心

科学管理和人文关怀使学校的各项工作紧张有序地进行。在全体教职工的共同努力下，学校在各个方面取得了优异的成绩。

1. 中考成绩再创新高

九年级在省级示范高中优录中首战告捷，独占鳌头，36名同学被省级示范高中理科实验班提前录取，在线人数再次稳居全市第一！

2. 学校荣誉持续刷新

在各级领导和社会各界的关心、帮助下，学校继续稳扎稳打，取得了亮眼的成绩。仅2019年上半年，学校就荣获"武穴市德育工作先进单位""武穴市艺术教育先进单位""五四红旗团组织"等一系列荣誉称号。

3. 教师先进模范辈出

学校各学科团体研课继续保持全市第一名的傲人成绩，其中黄芳老师的综合实践活动优质课获得全市第一名的好成绩；涌现了一大批模范教师先进个人，如李宇航、张永忠、宋志胜、鲁正刚、彭伟芳、王佳宏、冯志勇、范

轶、黎靓等。

4. 养成教育凸显成效

2019年，学校高度重视学生行为习惯养成教育，花大力气、下大功夫，逐步显示出一定的成效。在2019年学生的社会实践活动中，我们的学生没有留给武中校园一片纸屑，展现了良好的实中学子风貌；在邹继承、宋子尧、商婷三位老师组织的"阅读悦美·最美朗读者"朗诵会上，我们的学生展现了浓厚的阅读兴趣、高雅的阅读审美以及较高的朗读水平。此外，九年级学生胡晨炜、王俊超、童攀文、吴润春、鲁哲宇拾金不昧的诚实行为赢得了社会的赞誉。

老师们，成绩已经成为过去，仰望前行的目标，我们还要静心反思，逐步改进，脚步一刻也不能停止。针对当前学校的情况，作为一校之长，我提出自己的几点思考。

思考一——规范招生行为，坚持划片招生。我校地处主城区、老城区，人口密集，单位众多。学校规模过大、教师老龄化、学科结构失衡等问题严重影响了学校的教学质量，制约了学校的发展。因此，坚持划片招生，就近入学，切实控制新生入学人数，是我们必须坚持的方针；要严格执行教育局招生政策，切实减轻学校的招生压力。

思考二——提升集体荣誉感，克服职业倦怠。学校规模庞大，教师老龄化严重、难以流动等诸多因素，导致一些教师出现职业倦怠，工作热情和激情难以长久保持，工作中个人主义、小团体思想屡见不鲜，工作随意性较高、教学行为不规范等现象时有发生。所以，深化人事改革，优化人员结构，切实开通引进优秀特长教师的绿色通道是十分必要的措施；激励教师积极参与集体活动，鼓励教师潜心教学、创新教研，是帮助教师克服职业倦怠的不二法门。在竞争中激发潜能，在比赛中获得成就，可以让教师产生获得感、成就感、荣誉感。

思考三——加强师德师风建设，提升教师职业素养。师德师风是教师的职业素养，而"热爱教育、淡泊名利"是对教师师德师风的精练概括，是社会对教师师德师风的基本要求。我们反复宣讲师德师风，就是希望全体教师能够继承前辈优良的师德师风，廉洁执教，立德树人。但实际上，在我们的教师队伍里还是有一些同志思想认识不足，汲汲于名利。有的片面强调升学率，让学困生分流，严重侵犯学困生的受教育权利；有的热衷于有偿补课、乱推销教辅资料；有的以盈利为目的，组织学生在家里进餐；有的体罚或变相体罚学生。总之，严抓师德师风建设是十分必要的，这关系到我们学校的未来发展。试想，我们如果对教师违反师德师风的行为放任自流，家长、社会还会信任我们的教师吗？还会愿意把孩子交给我们教育吗？如果没有学生，实验中学还有未来吗？

领导们，老师们，实中是我家，发展靠大家。去年，我们提到，2019年是学校发展的关键时期，我们要继续稳固学校在武穴市首屈一指的地位，让"三心"教育的实践继续深入人心，让"一级两部"管理更加规矩。我们要一起抓住机遇，与时俱进，和衷共济，真抓实干，共同实现实验中学的跨越式发展。2019年已经过去一半，回望我们取得的成绩，我们向着"三高""三零""三不变"目标稳步前进。下学期，我希望大家能在下面几方面扎实推进学校工作。

第一，继续发扬优良作风，稳步建立和谐师生关系。良好的师德师风既包括终身学习的意识也包括热爱教育的意愿。实中教师要成为"学习型"教师、"科研型"教师，以学习促教学，以教研促发展，要以自身的学识和人格魅力赢得学生发自内心的尊重，与学生共建和谐校园。

第二，继续遵守规矩规范，稳步落实管理模式。学校管理离不开规范，教育教学离不开规矩。规矩规范，是教育工作者的核心价值之一。"随心所欲而不逾矩"是我们追求的管理和教学艺术。我们要在实际工作中严守规矩规范，在规矩规范的约束下发展、进步。

第三，继续鼓励教研创新，稳步提升教学质量。我反复强调教学质量是学校的生命线。我们要继续抓课堂教学不放松，向课堂要实效；继续抓常规管理不放松，重视过程夯实；继续开展丰富多彩的教学教研活动，营造浓厚的教研氛围，鼓励教师积极参与，激发教师教学教研潜能，让教研服务教学，提升教学质量，延续中考辉煌！

第四，继续开展素质教育，稳步提高学生素质。学校的特色教育已经小有成就，养成教育也在逐步推进中，我们不仅要把这两项教育坚持办下去，还要办出成效、办出影响。素质教育强调提高学生的综合素养，从长远看，坚持对学生进行素质教育对学生的终身成长意义重大。

第五，继续密切家校合作，稳步改进学校工作。家长和学校是教育天然的同盟者和合作者，它们有一个共同的奋斗目标——一切为了孩子。我们要打开校门办教育，把家长请进来，让家长耳闻目睹，家长的交口称赞是对我们办学成绩的最好宣传。我们还要侧耳倾听家长的心声，与家长促膝长谈，各抒己见。家长的教育需求、教育期待就是我们的工作方向，也是创办人民满意教育的落脚点。

两个月的假期生活即将来临，这既是我们身体的调整期，也是我们思想的反思期。让我们看一本好书，写一点感悟，游一处景点，想一些未来。大实中、新实中、好实中的建设靠我们每一位实中人。最后衷心祝愿我们每一位教师暑假生活愉快，阖家幸福！谢谢大家！

当前的形势和今后的任务

——2019年秋季学期期末全体教师大会上的总结报告

各位老师：

大家好！

时值年关岁末，我代表学校向大家做本学期工作汇报。汇报分两个部分：一是学校当前的形势，二是学校2020年的重点工作。

一、学校当前的形势

武穴市实验中学创办于1978年，到2019年已经走过了41年的光辉历程，特别是2017年整体搬迁后，实验中学的发展跨越到一个新的高度。在一代又一代实中人的努力下，实中的品牌越擦越亮，实中的优势越来越明显，实中在武穴市初中学校中的龙头地位不可撼动，新实中、大实中的崛起之势不可阻挡。

机遇与发展并存，挑战与危机共生。目前，学校总体形势是："尊重教育"理念下的"三心"思想深入人心；"一级两部"扁平化管理模式稳步推进；师生规矩规范的习惯基本养成；教育教学成绩得到社会认可，学校发展呈良好态势，但存在的问题依然突出。

1. 为人师表与立德树人

百年大计，教育为本；教育大计，教师为本。党中央坚持把立德树人作为教育的根本任务，这不但体现了党中央对教育行业的高度重视和优先发展教育的坚定决心，而且抓住了教育的本质，明确了教育的使命。我们作为教育工作者，有责任、有义务做好教书育人的工作。我们既然选择了教育行业，就要对自己的选择无怨无悔。在教育教学实践中，学校认真贯彻党和国家的教育方针。我们不忘初心，奉公守法，为人师表，坚守高尚的情操，赢得了学生和家长的尊重，用我们的一言一行影响着学生。我们虽然不是公众人物，但影响着一个班级，甚至几个班级的学生；我们虽然清贫，但不屈服于清贫。虽然在发展中出现了一些问题，但实验中学这艘航船破浪前行的态势不可阻挡，我坚信：实中人的师德师风，经得起狂风巨浪的考验！

2. 课堂教学与教学质量

教师的工作是辛苦的，特别是班主任，从早到晚，跟班、跟学生。教师的课堂教学更是一丝不苟，从备课到上课，从辅导到培优，从作业批改到思想教育，大家以教学质量的提高为目的，紧扣课堂40分钟，做出了许多有效的探索。教育局来学校检查，对抽查的部分教师的常规教学工作给予了充分的肯定。11月份，在全市综合素质测评中，学校以绝对优势荣登榜首，八、九年级共计194人获奖，其中一等奖38人。2019年中考，学校省级示范高中预录36人，达重点线的有240余人，两项数据稳居全市第一。在全市教育教学总结表彰大会上，学校连续三年荣获武穴市"初中教学质量特别优秀奖"。这些成绩的取得离不开教师扎实的课堂教学和深入的教学研究。

3. 校本教研与名师成长

在"心存教师"理念方面，学校始终坚持以提升教师专业水平和教学能力为重要工作内容，先后多次组织教师参与"国培"，促进教师更新教育观念，提升教学水平。本学期，学校语文学科程伟、商婷两位教师率先登上了国家级课堂教学舞台，在兰州举行的全国中小学课堂教学博览会和在武汉举行的全国第十届"名师优课"展示活动中，与国家级名师同台展示，广获好评，为校争光！数学学科陈东平、黄天宝两位教师在初中数学青年教师教学能力提升培训活动中获省级一等奖。刘志军、李宇航、宋子尧、商婷、黄芳等优秀教师勇夺黄冈市讲课说课一等奖，库文涛、陈建红、张艳君、熊巧妮、王佳宏、鲁正刚、余平、邓长智、胡冠亚等一大批教师在市级讲课说课比赛中尽显风采。陈志敏、陈水明、库治华、刘志军等名师及其所在的名班主任工作室坚持送课下乡，积极培育新人，在武穴市、黄冈市乃至更广阔的地域不断辐射其教育影响力。

4. 领导能力与群众关系

目前，实验中学领导岗位设置多，领导年轻化，但他们工作累、压力大。在干群关系问题上，我认为：①学校领导既是教师的领头人，也是教师的服务者。领导必须真诚对待教师，办事要细致，教师反映的问题必须在一个工作日内答复并解决，解决不了的，上报到校委会，校委会必须在两个工作日内答复并解决。②学校领导要有大局观念和整体意识。"一级两部"管理模式试行两年多来，我们获得很多经验与教训，年级与各处室的分工与协调也有亟待研究的地方。所以，如何树立大局观念和整体意识，是每位行政领导应该反思的问题。对此，学校后期将制订详细的管理办法和督查方案。③教师要尊重领导的劳动成果和辛勤付出，要理解和支持领导的工作。"实中是我家，发展靠大家。"和谐的干群关系，是学校发展壮大的基础。当前，学校面临着教师结构青黄不接、各种"声音"不完全一致等问题，这需要我们上下一心，统一思想、步伐，关注学校新变化，传递学校正能量，消除一切误解和分歧，构建和谐、美好、幸福的新实中。

5. 学校荣誉和学校发展

个人荣誉与学校荣誉是相辅相成的。一花独放不是春，只有全体实中人共同参与，才能汇集成强大的力量。在中华人民共和国成立70周年之际，学校开展了"万人同唱一首歌"活动，广受好评，学校荣誉得以彰显。我常想：对于学校提出的"心存教师""心想学生""心系家长"，我们每位教师在每学期的教育教学过程中为学生想了什么？为自己做了什么？与家长交流了什么？学校的荣誉和发展建立在每位教师共同参与、努力拼搏的基础之上。目前，我校的发展正处在一个重要的节点：国家高度重视教育工作，教育发展环境不断改善。如果学校不抢抓机遇，乘势而上，势必会陷入被动和落后的局面。而发展的方向在哪儿？突破的关口在哪儿？这既是我作为校长需要思考的问题，也是与我们每一位实中人息息相关的大事。我真诚希望大家多多思考，为实中的发展出谋划策、发光发热。

二、学校2020年的重点工作

2019年，学校所取得的成绩大家有目共睹，存在的问题大家也心知肚明。寒假过后，又是紧张的一学期，面对新的一年，特别是2020年中考复习备考工作，我想结合学校实际，重点强调以下几点。

1. 2020年中考是压倒一切的头等大事

2020年是"一级两部"管理模式推行三年的"结果年""验收年"。希望九年级全体领导和师生从现在开始就做好复习、备考等各项工作。为此，我提出几点建议：①领导蹲点到班，蹲点到学科，积极配合、引领、指导班主任和备课组长工作，坚持"一竿撑到底"。对于谁蹲点包班、包学科，谁负主要责任，相关部门一定要进行全校公示、全面评价，并作为领导绩效考核的重要参数。②各年级部定目标，各班级定指标，要采取强有力的措施，确保年级和班级完成任务。③备考过程要及时呈现，中考成绩要及时分析、全面评价。希望全体九年级领导和教师认真落实"一蹲二定三及时"方案，实现"面向全体、师生合力、强化措施、重在落实"的2020年中考奋斗目标。

2. 安全工作是保障一切工作顺利进行的前提

安全是学校、家庭、社会稳定的基础。安全教育要常抓不懈，安全警钟要时刻敲响。长期以来，在全体师生的共同努力下，实验中学稳定发展，希望2020年综合处、政教处和全体教师要防患于未然，继续保持求真务实的工作作风，把安全工作的重心前移，把安全防范的范围扩大，进一步提高安全教育的意识。

3. 干部队伍建设是学校安全、持续发展的基础

干部队伍包括三个方面：一是全体行政领导，二是全体共产党员，三是班主任队伍和教研组长、备课组长。我们要让这三股力量汇成实验中学教育力量的主流。教育怎样才能有力量？教育要有人性，教育要尊重人，培养真正有理性、有良知、有道德感、有理想、有追求、有生命激情、能够不断成长的人。实验中学"尊重教育"的理念是正确的，"三心"教育办学思想也完全符合学校实际，只是我们在教育的过程中，往往忽视了对自己的教育。我们每一位教师不能在对学生进行教育时滔滔不绝，而对自身的教育视而不见。自身教育修炼是我们每位教师每日的必修课，是需要长期坚持的。希望大家平时多读书，多反思。作为校长，我真诚希望能与大家互勉共进。

2019年已经过去，岁月又掀开了新的一页。我们感叹时光流逝，我们更憧憬美好的未来。一代又一代的实中人，在实验中学这块挥洒激情和热血的沃土上，书写着不平凡的华章。我们都是实验中学辉煌历史的继承者、书写者、创造者，真诚希望大家只争朝夕，不负韶华，坦诚相处，勤勉工作，共同开创实验中学更加美好的明天！

在此给大家拜个早年！祝大家在新的一年里身体健康，阖家欢乐，万事如意！谢谢！

勠力同心，朝高质量发展之路迈进

——2021年秋季学期期末总结大会

　　一元复始，万象更新。1月20日上午9：00，武穴市实验中学2021年秋季学期期末总结大会在学校四楼会议室顺利召开。全体教职工齐聚一堂，为加快建设湖北省示范学校、办人民满意的教育凝心聚力，再谱新篇。

　　会议一开始，三个片区巡查负责人和各级部主任与胡起水校长签订《师德师风建设责任状》，并明确表示一定要把承诺化为自觉行动，寒假期间将加强片区巡查，自查自纠，确保违规行为零发生。

陈志敏书记对学校校务公开、财务核算、托管服务等大家关心的问题做出了解读，并重点强调了假期的师德师风问题，陈书记要求全体教师不得违规组织、参与补课，寒假期间加大明察暗访力度，坚决杜绝违规补课及学科类培训。

方晓峰副校长对后勤工作做了汇报，特别针对本学期食堂财务做了公开，并表示新的一年将继续以甘作绿叶、勇于奉献的精神，进一步提高管理水平、优化服务质量。

陈焰军副校长汇报了一年来教学、科研工作情况，并对本学期工作量和绩、能两项的核算做出了详细的解答。

熊国安副校长就当前疫情防控形势做了相关要求：一是师生疫情智控平台每日上报，二是要求全体师生非必要不离武、不出省，三是教师假期走访做好防护，四是假期完成劳动教育作业。

工会主席朱新中汇报了一年来工会组织的各项活动和获奖情况，并对本年度工会经费收支情况做了具体说明。

会上，胡起水校长对全体教职工在过去一年中的辛勤付出致以衷心的感谢，并送上新年祝福，同时做了"'三心'导航，追寻高质量发展之路"的讲话。胡校长从"三心实践，五年回眸""三心引路，发展续航""三心导航，殷殷期望""三心实践，远景展望"四个方面回顾了过去五年来，我校在"三心"教育思想的育人实践模式和"线块式""一级两部扁平化"管理模式下各项事业的发展情况和显著成绩，令台下教师深感振奋。展望2022年，胡校长要求大家做有引领力的校级干部、做有谋划力的处室干部、做有执行力的级部干部、做有影响力的班主任、做有凝聚力的备课组长、做有战斗力的科任教师，勠力同心，朝高质量发展之路迈进！

心在哪里，成就就在哪里

——2022年春季学期期末总结大会上的讲话

本学期，学校进一步落实"尊重教育"办学理念与"三心"办学思想，凝心聚力，团结奋进，用一项项举措，一份份荣誉诠释"心在哪里，成就就在哪里"。

一、回顾过去：感动在心，成绩斐然

1. 心存引领，党建弘扬校园正能量

本学期，学校党支部充分利用了每月的主题党日活动，组织完成了党的十九届六中全会精神学习、"党史百年"理论学习和"学习强国"学习。学校被市教育局定为"考核工作示范校"和五个"清廉校园"示范点之一。柯孟洵老师执笔的"清廉实中"系列报道，获多家媒体转载，吸引20余个团队来我校参观学习。林甜老师代表市教育局参加"喜迎二十大，冲刺百强县"宣讲比赛，取得优异成绩。本月1日，我们一起慰问了查树正、方锡松、王明霞、胡冶轩等退休党员教师。

可喜的是，本学期，学校没有出现乱办班、乱补课、乱收费等违法违纪现象，师德师风建设取得了新进展。

2. 心存规范，考核形成管理新局面

本学期，学校办公室尽心做好教师考勤工作，细心做好教师职称评级工作，耐心做好各类迎检工作，悉心做好临时性工作；做到了事事有记载、件件有落实，签发了138份各级来文来电，制作377份报表，出具74份文书文件；完成了100多位干部教师的档案专审工作，整治、清理、上报在编不在岗人员；构建科学评价体系，制定了《武穴市实验中学考核评分细则》。

3. 心存德化，习惯养成以德树人

本学期，学校政教处开展系列德育活动，如七年级开展朗诵比赛，八年级开展演讲比赛，七、八年级开展"我爱我家·强国有我"系列活动，七、八年级开展"廉洁"征文比赛……在黄冈市第22届青少年爱国主义读书教育活动主题展演比赛中，由学校刘曙辉老师导演、邹继承老师原创的诗歌《春天里——写给疫情面满腔赤诚的实中人》以绝对优势荣获一等奖。五四青年节，学校团委被授予"武穴市五四红旗团委"荣誉称号。八（15）班崔钰琳同学获得武穴市唯一一枚初中"黄冈市红领巾奖章三星章"。

4. 心系治教，教学管理有条不紊

本学期，教务处结合学校实际拟订集体备课实施方案，校委会成员驻点到级部、备课组。九（二）部数学备课组，在组长黄添宝主任的牵头下，做到"一周一主题"，坚持责任到人、任务到岗、措施到位。

5. 心念创新，教研精进硕果累累

本学期，教务处加强听课研讨，开展校本教研示范课活动，186名教师报名参与。学校搭建平台，18对师徒结对，助力青年教师成长。学校涌现了一大批教研先进个人，在武穴市初中资深教师"三优"评比中，库文涛、彭凌、郭啸、朱正兴、王佳宏等24位教师获奖；李耀平、文小英、刘志军3位教师荣获"武穴市优秀班主任"；邹继承、王一明、宋子尧、陈晶、张典娜、李先英、饶春英7位教师荣获"武穴市优秀教师"。在全体教师的共同努力下，学校蝉联初中教学质量"特别优秀奖"。在武穴市初中生读书成果展示活动中，由学校王一明老师、周冬琴老师主导，郭婷老师编排，柯孟洵老师负责文稿设计的《梦殇车夫路——〈骆驼祥子〉》读书成果，荣获一等奖。在2022年中考复习备考联片教研活动中，柯孟洵老师和冯纯雄老师主讲的示范课以及程伟老师和黄添宝老师做的经验交流，获得满堂彩。

6. 心思服务，总务勤勉保障师生

为了给师生提供一个舒适的校园环境，总务处陶振康主任寒假没放一天假，全面检修校园设备；周末没休一天假，协助社区做好教师宿舍区改造工作，推动片区改造取得突破性进展。

为了保障全校师生的饮食安全，学校食堂做实明厨亮灶，从食材采购到食谱定制，从阳光制作到财物管理，李宇航主任都亲力亲为。中考期间，食堂的安全工作被武穴电视台专题报道，"知味堂"成为学校一张靓丽的文化名片。

7. 心系平安，校园安全保驾护航

为了全校师生的生命安全，学校王定、刘汉雄两位主任找隐患、堵漏洞，认真值班，以校为家，无论严寒酷暑，总在第一道曙光来临之前站在工作岗位上，在学校最后一位师生离开之后乘着月色回家。在综治办门卫室以及全体教职工的努力下，学校没有发生一起校园安全事故。

8. 心念和谐，工会活动温暖人心

学校工会保障了教职工的民主权利，制定和完善了各项工作制度，通过教代会，对涉及教职工切身利益的事项进行全面公示，提高了信息透明度，强化了学校民主建设；组织教职工开展丰富多彩的文体活动，如"女神节专属六个一"活动；实施送温暖工程，按照上级规定落实好教职工福利发放；等等。

9. 心系形象，文化宣传靓化实中

本学期，学校研发中心超额完成宣传任务，截至6月底，发稿量达到383篇，其中省地级66篇。在《名师风采》栏目中，夏鹏飞老师的《乐岗敬业创一流，爱生传道铸师魂》点读量达到3870次，杨亚芳老师的《花蕊亚枝红，惠芳盈怀袖》点读量达到3152次；在《教师文苑》栏目中，陈宝川、张文婕、邹继承、周林红、阮晓静、兰永亮、林甜等教师掀起了学校教师写作的热潮。

10. 心在执行，级部落实千线入针

七年级，一月一晨会，表彰先进促提升；八年级，地生中考，打响中考第一战；九年级，逆风前行，在高压之下再创实中辉煌。在优质生源不理想的情况下，九年级全体教师群策群力，凝聚共识，经过三年的不懈奋斗，在5月份自主招生考试中，25名同学被黄冈中学、武穴中学提前录取；今年中考，560分以上的学生突破350人，再创实中神话。

11. 心想学生，五育并举全面发展

本学期，政教处推行"四个一"："读书一小时"，通过课后服务、阅读课，开展"每天阅读一小时"活动；"锻炼一小时"，充分利用、课间操时间，每天锻炼一小时；"作业一小时"，优化作业设计，尽量保证作业在一个小时内完成，保证学生充足睡眠；"一律不准带手机"，开展心理专家进校园活动，邀请国家二级心理咨询师赵圻亚老师为学校五千余名师生举办专题讲座，为学生心理健康保驾护航。

12. 心系家长，家校合作携手前进

本学期，我们完善了家委会驻校办公制度，"家委会座谈会""家长开

放日"等实现了家校联系无障碍、沟通无缝隙；在"双减"背景下，家校合作，让课后托管提质增效，让学生得到实实在在的提升，切实解决了家长的后顾之忧。

二、直面现实：坚定决心，脚踏实地

本学期，我们的领导用心管理、我们的教师潜心教学、我们的学生专心学习、我们的家长全心协助，学校凝聚力提升了，民主意识提高了，教研氛围更浓了，师德师风更好了，竞争互助意识更强了，教学成绩亮点更多了……

当然也存在一些不足亟待完善。中国有句俗话：一等二靠三落空，一想二干三成功。学校发展之路，绝非坦荡如砥，需要我们所有教职工的共同努力。

1. 希望每一位领导干部用心管理，增强本领

"日日行，不怕千万里；常常做，不怕千万事。"领导干部要坚守"三心"——永葆时刻学习实践的恒心，永存服务师生的贴心，永守竭力发展学校的初心。

2. 希望每一位班主任做"有心"之人，干"有心"之事

班主任在班级管理中承担着重要责任，要做会宽容学生的有心人，用爱和智慧去启迪和关爱学生；做会尊重学生的有心人，让学生感受到春日般的温暖；做会倾听学生的有心人，静静地倾听，敏锐地观察，在细节上做文章，提高教育实效。

3. 希望每一位教师保持真心，潜心育人

希望每一位教师拿出百分之百的真心。耐心教育学生，引导学生看到自己点滴的进步，体验进步成长的快乐，增强继续发展的信心，在努力学习中体味幸福感，在实现理想中体味获得感。

希望每一位教师保持工作的热情，强化规则意识，做新时代好教师。

三、展望未来：心存高远，砥砺前行

回望来时路，我们坚守初心，"不将今日负初心"；坚定脚下的路，我们坚守恒心，"守得云开见月明"；远眺前行的路，我们要强信心，方能"直挂云帆济沧海"。未来，依然如往常一样，必定是：磨砺与进步并存，辛劳和惊喜交织。但，请记住：心在哪里，成就就在哪里；心不在哪里，问题就在哪里！

管理艺术：尊重与绽放的融合

从重视细节中提升管理执行力

——在2021年四月份全体行政干部及班主任工作会上的讲话

上周杭州之行，我们参观了采荷二小、信达学校。这两所学校的美，是每个角落的完美，每个细节的精致。对此，我感触颇深。

天下大事，必作于细。如果一所学校在管理中不重视细节，就难以与名校比肩，而名校管理的秘诀正在于精确、精准、精细。

一、精确，尊重差异

真正的管理，就是懂得润物之温、着眼之细，内化于心、外显于行。一所学校办得好还是办得差，学生是最好的注解。一所学校的办学特点一定会在它的学生身上打下烙印，而且这样的烙印带着这所学校独有的办学个性。其实不仅仅是一所学校的学生会表现出与学校办学个性相一致的风格，就连在一所学校工作的教师也会有着相似的教学气质。

学校管理不能满足于规范和保障层面，这就需要我们的管理能够细分不同教师的潜力和发展可能性，细分不同学生的潜质和成长可能性，在现有的规范和保障平台上，对学生成长和教师发展进行精确的策划。我们现在的"第二课堂"、教学论坛就是源于这样的初衷而开办的，我们的"万人同唱一首歌"活动、"你笑起来真好看"团体操展演就是印证。

二、精准，选准角度

办学成功的学校，并不是把学校中的每一件事都做成功了，而是尽其所能地集中资源，把学校重要的事情做成功了，而这些重要的事情最初可能只是"小事"。选准角度，即管理要能够在决策过程中通过对事情在细节上的把握和比较，有预见性地分辨事情将来的走向，以及事情将来对学校发展可能造成的重大影响。我们学校的路队放学能成为实中特色，就是选准了角度，并真正做到了小中显大、微中见著。

因此，细节管理需要精心、精准。我们在管理过程中，对教育教学过程和具体事项，哪怕是比较微小的部分，也要投入足够的智慧去思考和谋划，这样就会呈现"小事"也有"大发展"、"小处"也能"开大局"的效果。

三、精细，重视执行

学校管理并不是靠单一策略就可以变得完全有效，学校实施具体策略的效果差异的最本质的原因不是策略本身，而是大家把具体策略落实到了什么样的程度，尤其是执行的完美程度。

当你把一项策略执行到百分之七十时，可能一点成效都没有；当你把这项策略执行到百分之八十时，成效才有可能得以显现；当你把这项策略执行到百分之九十时，成效才得以完全彰显。我们学校的食堂为什么能成为黄冈市"放心食堂"？原因不就是管理精细、执行到位吗？

把事情做细，把策略做实，把细节做稳，我们就可以实现管理成效的最大化。

有这样一句话：把平凡的事做好就是不平凡。无论是中层管理、班主任管理，还是班级学生管理，都要求我们的处室、年级、班主任能够对教育教学工作过程进行全面分析，尤其是对容易被忽视的"连接点"或者"研究点"进行科学分析、思考、谋划、执行。细节是管理中规定各个环节的有效链接，做足、做好细节工作，就能有效解决问题，减少工作失误，取得良好的成绩。

做好细节工作体现的是一种责任，管好细节工作则是一种精细化、精准化的管理方略。如果大家都有细节意识，都去关注细节，学校管理就会走向完善；如果大家都不折不扣地去执行细节工作，就会实现学校管理效益最大化。

在班主任工作会议上的讲话

各位班主任：

大家好！

转眼间，开学已经两个半月了。在这段时间里，全体班主任任劳任怨、精诚合作，深入开展养成教育、文明礼仪教育、安全教育。在短短两个多月的时间里，学校的学习风气明显好转，学生的行为举止日益文明规范，主要表现在如下几个方面：着装基本规范，公开使用手机现象得到遏制，教室窗明几净，上课秩序井然有序，早操、课间操秩序良好，学生自律意识、集体观念不断增强……这些成绩的取得是全体班主任努力的结果，是大家辛勤工作的结晶。正是你们身体力行地关爱引导、事无巨细地教育管理，才有今天可喜的变化。在这里，我要向所有班主任说一声：大家辛苦了！

在这段时间里，班主任队伍中涌现出了许多爱岗敬业、不辞辛苦的先进典型。例如，九年级五位班主任天天早出晚归，贴班紧、管理严；尤其是李律成老师和郭秀萍老师把办公桌挪到教室前的走廊里，随时随地对学生进行教育管理；还有七、八年级的张驰老师、范军老师、范碧玉老师等几位班主任，他们每天早晨都在学生到班前就已经守候在教室里；有的教师生病了，仍然不请假，坚守在工作第一线，如胡美菊老师、余勋金老师等教师。各位班主任，你们对学生无私的奉献，学校都看在眼里，学生和家长也看在眼里！前几天，我们从各班挑选学生代表进行了问卷调查。从统计分析情况来看，许多班主任好评率达到100%。这充分说明，各位班主任已经用自己的人格魅力、学识修养和教育艺术，在班级中树立了崇高的威信！

当然，在看到成绩的同时，我们也应该反思自己的工作。在日常班级管理工作中，确实还有许多需要改进的地方。例如，个别班级学习氛围不够浓厚，学生违纪现象时有发生。下面，我针对观察到的情况和自己的思考，谈几点看法，供班主任参考。

一、营造良好学习氛围，提升学生学习成绩

教学质量是一个学校的生命线。班主任的班级管理成效直接影响班级整体教学质量。因此，班主任要把学生学习成绩的提升放在首要位置。要想真正提升学生学习成绩，就必须做到如下四点。

1. 抓好班级纪律

没有规矩，不成方圆。纪律，是教学质量的保证，是良好班风、学风的基础。纵观初中部22个教学班，班级学生的学习成绩不好、班风差的主要原因就是班级纪律差。所以，要想抓好班级管理，就要严明纪律，严格管理：一要引导学生制定合理的规章制度，做到纪律严明；二要公正公平，不要感情用事，对违纪违规者，要一视同仁；三要认真对待、正确处理学生的"第一次"违纪事件；四要持之以恒，避免犯"冷热病"、时紧时松；五要狠抓养成教育，使学生养成良好的行为习惯。

2. 教给学生学习的方法

恰当的学习方法是通往理想彼岸的捷径，是打开理想之门的金钥匙。所以班主任要利用一切机会和条件，而学生介绍好的学习方法，使学生找到并掌握适合自己的行之有效的学习方法，努力提高学习成绩。

3. 帮助学生树立远大的学习目标

目标就是方向，目标就是动力。很多学生之所以没有学习动力，就是因为缺乏目标，没有方向，导致整天浑浑噩噩，无所事事。班主任必须帮助学生解决这个问题，并在学生学习的每一个阶段及时提醒他们，让他们明白目标很重要。

4. 善于以点带面，多加表扬

表扬与激励是一门教育艺术，它可以使学生看到自己的长处和优点，激励学生进取，增强学生的自信心。金无足赤，人无完人。再好的学生也难免有不足之处，再差的学生身上也有优点。不是聪明的学生常受表扬，而是表扬会使学生变得更加聪明。因此，在日常班级管理工作中，班主任要以正面教育、表扬鼓励为主，及时捕捉学生的闪光点，使他们产生积极向上的情感态度，从而达到以点带面的效果。

二、关注每一个教育细节，杜绝管理漏洞

欧洲有这样一个故事：丢了一颗钉子，坏了一个马掌；坏了一个马掌，

死了一匹战马；死了一匹战马，伤了一位将军；伤了一位将军，输了一场战争；输了一场战争，亡了一个国家。一个不起眼的细节可能导致灾难性的后果，因此要时刻注意防微杜渐。在具体管理中，班主任要大处着眼、小处着手，关注细节，这样才能促使学生和班级健康发展。当然，班级的琐事较多，事无巨细、事必躬亲显然是不可能的，但是班主任一定要见微知著，明察秋毫。一个优秀的班主任，一定是一个善于利用细节去感染、教育、管理学生的班主任。我们常说"细节决定成败"，在教育学生的过程中，对于每一位教师尤其是班主任来说，关注细节是成功的秘诀。

1. 关注细节，做学生的好榜样

学生走进学校的目的不仅是学知识，更重要的是学做人的道理。常言道"学高为师，身正为范"，班主任不仅要有过硬的专业知识，还要有高尚的师德、文明的言行，这样才能成为学生心目中的"名师"，学生才会"亲其师，信其道"。在与学生的交往过程中，班主任仿佛时刻身处聚光灯下的演员，其一言一行、一举一动都在学生的关注之下。一个不起眼的细节，可能会让班主任成为学生真心崇拜的偶像，也可能会让班主任好不容易树立起来的光辉形象毁于一旦。相信下面这些现象是我们看到过的：有些班主任在升旗时与同事小声讲话，有些班主任在上课时不停地接打手机……身教重于言教，你想让学生学会爱护环境卫生，你就不妨在看到地上的果皮纸屑时将其轻轻捡起；你想让学生学会团结友爱，你自己就要首先学会关爱他人。"打铁还需自身硬"，要求学生做到的，我们自己首先要做到。我们只有关注自身言行的细节，才能成为学生的榜样。

2. 关注细节，做学生的贴心人

有的学生家长这样对我说："我孩子的班主任管得比我还要细。"我认为，这是家长对班主任的认可和赞扬。班主任工作本身就是平凡而琐碎的，我们全身心投入，做好了班级管理中的小事，自然就能成为学生的贴心人。因此，我们对学生的管理，要从细节入手，事无巨细地去关心他们、督促他们，这样就能很快走进学生的内心。比如，天气变化时，我们要及时提醒学生增减衣服；上课时，看到学生坐姿不正确，我们要耐心地提醒。这些小小的细节往往能给学生留下深刻的印象。

3. 关注细节，培养学生的良好习惯

"千里之堤，毁于蚁穴""细节决定成败"，这样的道理同样适用于学生。有经验的教师都知道，学生绝大多数错误行为都是由一些不良习惯造成的，并非他们品质上有什么大问题。要促使学生健康成长，就要在细节上下功夫，帮助学生尽早养成良好的习惯，这会让他们受益终身。

三、深入学生中去，勤于和他们沟通交流

俗话说：一勤天下无难事。班主任工作也是如此。班主任要带好几十个学生，就要兢兢业业，尽职尽责；就要经常进教室，勤于和学生沟通交流，及时发现并解决问题。

班主任工作的"勤"主要体现在勤观察、勤动脑、勤动手、勤家访、勤谈心这五个方面。勤观察指的是无论上课还是下课，都注意观察学生细微的变化，掌握他们思想的动向，以便随时对学生进行教育，防患于未然。勤动脑指的是学生出现的问题多种多样，教师要根据学生的年龄、性格、家庭状况等方面的因素，找出适合学生问题的解决方法和手段，使其不至于在学习和思想上掉队。勤动手指的是当学生在具体事情上出现不会做或做得不好的情况时，教师要手把手地教学生，帮助他们做好每一件事，让他们实现从不会到会的跨越。勤家访指的是教师经常与家长联系，我们的学生大多是留守儿童，班主任可以通过电话进行"空中家访"，及时了解学生在家里的表现，向家长通报学生在校的表现。勤谈心指的是教师平时要多与学生交流，把学生当朋友，推心置腹地与学生沟通，谈谈自己的想法，倾听他们的意见，不断改进自己的工作方法。

四、平等关爱学生，善待每一位学生

网上流传一则故事，很有意思，也很耐人寻味。故事是这样的，学校调来一位年轻教师，校长与他进行岗前谈话，语重心长地对他说：考100分的学生你要对他好，考80分的学生你要对他好，考试不及格的学生你要对他好，考试作弊的学生你要对他好，中途退学的学生你要对他好，爱打架的学生你要对他好，早恋的学生你要对他好，因为以后他们都会在自己擅长的领域有所建树。正所谓"仁者见仁，智者见智"，"天生我材必有用""一切皆有可能"，不要小看每一名学生。我们要平等地关注每一名学生的成长，尽量帮助他们扫清求学生涯中的种种障碍和困惑，因材施教，促使他们健康发展。

五、做好学生安全工作，保障学生安全

学生的安全教育工作是学校工作的重中之重。安全教育责任重大，每一

位班主任都不能有丝毫放松。初中生活泼好动，自理能力和自立能力较差，做事往往不计后果，预见不到危险的存在，容易发生安全事故，所以班主任要经常对班级学生进行安全教育和自护自救教育，让学生掌握一些基本的安全防范、安全自护自救知识。班主任不仅自己要牢固树立安全责任重如山、生命责任大如天的意识，还要时时讲、事事讲，多留心、多观察、多提醒，努力使学生树立安全第一的观念。班主任可以利用晨会、班会、黑板报对学生进行交通安全、消防安全、人身安全、财物安全、饮食卫生安全等教育，让学生时刻紧绷安全这根弦。

各位老师，班主任是大雁，需带领学生展翅高飞；班主任是战鼓，需时时督促学生不断奋进；班主任是园丁，需细心呵护幼苗抗击风雨。希望在班主任的共同努力下，学校的各项工作再上一个新的台阶。最后，提醒大家在辛勤工作的同时，注意张弛有度，劳逸结合，调整心态，保持心情舒畅、身体健康！

谢谢大家！

成长的自我修炼

各位老师：

鲁迅说过："人类的悲欢并不相通。"很多教师并不理解我们行政的工作，但是我们也不能在低迷中放弃自己的成长。在今天的行政会上，我向全体中层干部分享五个方法。

一、加强学习

"学不可以已"，这个时代早已不缺乏知识，缺乏的是学习知识的人。作为学校管理者，我们一定要不断提升自己的能力，而要提升能力就应加强个人学习，注重多方面、多角度、多纬度、多领域的学习。既要带着问题，又要带着目的；既要学习做人，又要学习做事；既要向书本学习，又要向实践学习。

学习是我们自己的事情，希望各位教师坚持每天学习，共同成长。

二、加强思考

我们平时要多多思考自己分管的工作该怎样去执行，养成思考的习惯，一方面，根据自身的工作实际来思考，想想自己如何带团队、如何策划教育活动；另一方面，通过看到的现象来思考自己的工作，如对于其他学校遇到的问题，如何规避，如何解决。

对于分管的每一项工作，首先要了解其价值和意义。比如，了解这项工作对教师的好处是什么，要让教师欣然接受，而不是认为这是学校强加给他的。对于学校办公室接待工作，要思考怎样可以使其更完善，让别人感觉到温暖。对于教研活动，要思考怎样设计、怎样组织、怎样分享。只有加强思考，头脑才会越来越灵活，才会越来越强大，才会处变不惊。

三、加强计划

计划就是主动去规划你的时间。比如，招生宣传的工作如何推进、什么时候出具体方案、什么时候与相关的行政人员沟通，校园文化设计什么时候出整体方案、什么时候完成效果图，等等，都要安排进计划表里。

此外，计划要让人看得明白、听得清楚，而且富有创意。

四、加强协调

教育工作的对象是人，教育管理工作的对象更是人。人与人之间需要沟通、配合、协调，所以协调沟通能力对我们来说非常重要。特别是跟班主任沟通协调时，需要给对方一些时间、一些理解、一些尊重。在实际工作中，我们要加强团队之间的协调，互相支持，及时补位。

五、加强落实

每一项工作只有落实了，才会产生效果。在时间上，我们要对自己的工作有一种紧迫感，今天的事就今天做，立即落实，不要等待。

希望全体行政人员加强学习、加强思考、加强计划、加强协调、加强落实，如此方能在工作中更加从容。

谢谢大家！

逆人性，修德行，强记性

各位老师：

大家好！

一元复始，万象更新。充满挑战的2021年已然过去，这一年学校取得了显著的成绩，这和大家的辛勤努力是分不开的。在此，我向大家表示衷心的感谢，并提前送上新春最美好的祝福，祝愿大家身体健康、工作顺利、新春愉快、阖家幸福。

学校工作千头万绪，刚才听到各线的工作总结，我非常理解大家的辛苦，更为大家的精神点赞。行政工作固然辛苦，但我们可以在工作中提升自己的素质和能力。

古人云："性，人之阳气性善者也。"人的本性是具备生命力、创造力、向上提升力的。今天的行政会，我想跟大家分享行政工作的三个要点，让我们在探讨中共同成长。

要点一：逆人性

柏拉图说："人的本性将永远倾向于贪婪与自私、逃避痛苦、追求快乐而无任何理性。"

大多数人是不愿意吃苦、趋于逃避困难的。但是，优秀的人是逆人性的，有"明知山有虎，偏向虎山行"的一腔孤勇，有"知难而上""奋勇争先"的万丈豪情。要推进学校教育改革，行政干部就要逆人性，要有一种"非得把学校变个样不可"的态度。同时，有挑战性的工作也是一个锻炼自己能力的机会，我们要勇于克服内心的恐惧和惰性，做逆人性的优秀者！

要点二：修德行

"德不配位，必有灾殃。"一个人如果没有良好的德行修养，是很难在这个社会立足的。教育工作者更要有德行。我曾经跟大家讲过，"行政"这两个字的意思：行者，行也，就是要有能力；政者，正也，就是要有德行。有德之人，必爱人。良好的德行，决定一个人未来的成就。

作为学校的管理者，我们平时要多贡献自己的智慧，乐于帮助其他部门的教师。"君子求诸己，小人求诸人"，出现问题时，不要给自己找借口，要多从自己身上找原因，努力想办法解决问题。

要点三：强记性

培根说："一切知识都不过是记忆。"学校管理者要有意识地增强记忆力，开展有效学习。如何增强记性？这里，我跟大家分享三个方法。

一是笔头记忆法。每天将工作记录在笔记本上，可以时时翻看、记忆，避免我们遗忘学校的工作。

二是重复记忆法。多记一些"金句"，我讲话常常引经据典，那也是反复记忆的结果。

三是结构记忆法。要注意事物的结构，把结构记住了，就不容易忘记。

各位教师，希望大家在成长的过程中，逆人性以磨炼意志力，修德行以涵养亲和力，强记性以提升表现力。我们已经迎来崭新的一年，我相信在这一年里，大家都能成为优秀的学校管理者。

最后，向大家送上新年祝福，祝大家阖家欢乐，虎虎生威，新年快乐！

谢谢大家！

教学质量是学校的生命线

各位老师：

大家好！

今天，我们在这里召开新学期的第一次教师工作会，让我们一起聚焦办学质量。办学质量的核心内容包括教育质量和教学质量。

家长把孩子送到一所学校，除了看学校环境是否优美、教室是否宽敞、寝室是否舒适、设备是否齐全外，更重要的是看学校的教育质量和教学质量。

我们实验中学的教育教学质量一直在武穴市名列前茅，学生的综合素质发展势头一直很好，学生语数学科发展优异，艺体学科锦上添花，学生思想道德教育也开展得不错。

那么，如何持续抓好教学质量？下面我和大家交流三方面内容。

一、教学质量是生命线

一所学校发展的关键要素就是教学质量。教学质量好的学校才是有生命力的学校。虽然我们公办学校是划片招生，但是家长更向往优质教育，对于质量不好的学校，就算户籍在附近也要花钱到其他地方购置学区房。

学校承载着孩子的梦想、家庭的希望，只有好的教学质量，才能让学校赢得家长、学生的信任。当今的社会是一个充满竞争的社会，如果将学校与企业类比，一种视角认为：学生相当于学校的原材料，会被学校塑造成优秀产品，学生越优秀，学校越荣光、教师越自豪；另一种视角认为：如果说课程是学校的产品，那么学生和家长就是学校的客户，即服务对象，没有优秀的教学质量，客户就不会满意。当然，做教育还是不同于办企业。但是，社会的法则是相通的，关注每一个学生的发展，培育学生茁壮成长是教育者的追求，教学质量无疑是学校发展的生命线。

社会对教师根本的评价点是教学水平。政府和教育行政部门评价教师有多方面的标准，但教学水平是最根本的。许多优秀教师，虽然都有他们自身的特点、优点、弱点，但具备高超的教学水平是他们的共同点。一所学校，必须依靠一大批教学骨干的支撑，才能有好的教学质量。反之，只有学校有好的教学质量，教师才能得到社会的认可和尊敬。

二、教学质量是紧箍咒

我们有一批年富力强、经验丰富的骨干教师。学校提倡教师敬业，多开展教科研工作，提高教学效率。在这个过程中，教师自身能力也能得到锻炼和提高。

但仍有个别教师得过且过，应付工作，把教学工作仅仅当作谋生手段；没有备课就敢走上讲台，教学环节偷工减料，将教研工作视为负担，能推就推，没有积极性；学校布置的工作流于形式，无实质性进展；教学工作不是立足于提高课堂效率，而是倾向于临考前的短期行为。这些思想和行为明显制约了学校教学质量的提高，也导致某些学生的学业状况不容乐观。

所以，开学第一次教师工作会，教学质量这个紧箍咒我必须要念。本学期，希望每一位教师绷紧教学质量这根弦，尽心尽力为学生负责，为自己的专业精进负责。

三、教学质量是金刚钻

刚才我已经谈了教学质量关乎学校的生存，关乎我们每个人的生存，必须严抓；还分析了学校在教学质量方面存在的问题。看清了问题，我们就要找到应对策略。抓教学质量是需要一些方法的，下面提出以下具体要求：

（1）管理推进：全体行政干部要深入教学一线，每周听课不少于三节，坚持对学校教学质量进行随堂监控。

（2）课堂落实：教师要提高课堂教学质量，认真开展集体备课活动，仔细研读教材，上高效课，消灭差课。

（3）开好例会：各年级要认真召开教研组例会，了解各备课组集体备课情况，关注教学进度和学生学习情况。

（4）严格考评：教导处、教研组对教师教案实施定期检查与不定期抽查相结合的制度，在抽查教师教案时关注其是否有教师课后反思的相关内容。

（5）飞行检查：实施推门听课和随机检测考试制度。我们将不定期开展学科教学质量抽测活动，不弄虚作假、不急功近利，以务实的态度主动搞好教学质量监控。

（6）重视分析：一是要求教师每次单元测验后认真填写质量分析表，汇总本年级学生学习情况；二是建立期末质量分析工作会制度，专门安排时间让教师在备课组、教研组内交流本班学生的学习情况，分析自己教学的得失，最后由把关教师形成本年级的质量分析报告并上交教导处。

（7）强化教研：经常开展有针对性的校本教研和学科组研究活动，提高教师业务能力，以不断优化课堂教学。要求教师保证听课学习时间，并保证听课之后评课的时间和质量。要求各学科、各年级组认真开展集体备课，专项研究学生学习习惯培养和针对性的辅差策略。

（8）严肃考风：教导处加强对各项考试监考工作的监督，严肃考风考纪，抽查考卷。禁止教师在考试过程中弄虚作假。

老师们，开学第一天我们就谈教学质量，足见学校管理团队对教学质量的重视。我们有充足的底气相信，如果我们每个人从自身做起，从点点滴滴做起，待到六月收获时，定会无愧于一学期的辛劳，无愧于我们的每一个学生。让我们把每一步都走得坚实有力，达成期初制订的质量目标。谢谢大家！祝大家新学期工作顺利！

挣脱"疲惫"的思维牢笼

各位老师：

学校行政工作很累，我非常理解大家的辛苦，更为大家的精神点赞。作为学校教育工作者，如何挣脱"疲惫"的思维牢笼？下面，我跟大家分享四个关键词。

第一个关键词：闻过则喜

学校行政干部如何面对别人对自己的批评和提醒？我一直遵循一个原则——闻过则喜，听到别人说自己的过失应该是非常喜悦的一种状态。

为什么要有这样的状态呢？一是说明你人品很好，大家愿意提醒你，愿意帮助你、提出你的问题。二是只有知道自己的问题，我们才有进步的空间，才能让自己变得更加完善。所以，有人批评是很幸福的事情。

第二个关键词：克己成己

人都是有惰性的，想成为优秀的人就必须克服惰性。

当接到任务之后，你最好在两分钟之内去处理，一旦拖延就失去了紧张感，一拖再拖，就懈怠了，到最后不得不处理的时候，就会把自己弄得很累。所以，我们在工作时要克服自己的惰性，主动作为。

第三个关键词：见微知著

事无巨细，以小见大。古人云：见微知著，睹始知终。意思是从事情刚刚开始，有细微量变的时候，我们就应该清醒地察觉到它可能产生的质变，从而做到未雨绸缪，防患于未然。

现在大家的分工越来越细，这就要求我们更加认真精细地做事，从小处着眼，从细处着手，从事情的开端预见其发展乃至结局，做到时时刻刻严格要求自己，即使在小事上也不能放松，学会防微杜渐。

第四个关键词：责任在我

每一个行政干部、每一个教师都要树立一种观念，那就是"责任在我"。

管理一个团队，出现问题很正常，关键是出了问题责任在谁身上。当我们有一种"责任在我"的坚定态度时，就肯定不会懈怠。

我们管理一个级部、一个处室时，要让团队里的教师有规则意识，有责任意识。如果每个教师都能意识到"如果这个工作由我负责，我就要负责到底"，那就证明你的管理有水平。

"闻过则喜"是一种胸怀，"克己成己"是一种坚忍，"见微知著"是一种智慧，"责任在我"是一种担当。各位老师，你们优秀，代表整个学校优秀；你们优秀，学校才能更好地向前发展。

以上与大家共勉！谢谢大家！

行政工作的五个机制

各位老师：

"没有规矩，不成方圆。"下面我讲一下学校行政工作的五个机制。

第一个机制：例会机制

例会是常态性工作，就像我们刷牙洗脸一样，必须成为一种惯性，形成一种固定的模式。

学校行政例会坚持每周一次，时间相对固定，会议基本流程也相对固定。我们在例会上汇报前一周的工作，交流问题，制订下一周的工作计划。这就要求每个行政干部养成记录工作的习惯，这样在例会上才有话可说。

第二个机制：反馈机制

各人负责的工作要主动反馈，有的可以在群里反馈，有的可以单独向校长反馈。反馈要及时，群里没有回复，可以通过电话反馈，不要一直等着，不要怕打扰领导，拖延是坏习惯，是懒惰的表现。

第三个机制：链接机制

一个优秀的管理者，一个优秀的干部，除了有独当一面的能力外，还必须具备一个能力，就是会连接紧密的情感。

行政干部与上级管理部门和各领域专家要有情感的链接。优秀的管理者一定有良好的人脉和资源，以取得良好的工作成效。

领导干部与教师之间也要有情感的链接。我们要建设一支温暖有爱的团队，让教师在其中感受到温暖，感受到学校的用心。在这里，我要提醒大家：我将无我，方成大我。学校管理者要注意格局，不要把个人利益看得太重，只有大气的人才会获得更多的帮助。

对外如新闻媒体之类的，也要有情感的链接。下一步我们要关注这方面的工作。

第四个机制：学习机制

古话说："学者非必为仕，而仕者必为学。"意思是读书不一定都要当干部，但当干部者必须坚持学习。

我们每一个人都要学习与教育、管理相关的书籍和文章，这样才能了解教育发展的最新动态。对于外地学校的大部分先进经验，我们没有过多的精力现场取经，往往只能通过书、报、网络等方式获取信息。如果不学习，不仅思想跟不上时代，行动也会跟不上潮流，这样就难以把工作做好。

习近平总书记在中央党校2009年春季学期第二批进修班暨专题研讨班开学典礼上明确指出，"领导干部的读书学习水平在很大程度上决定着工作水平和领导水平"。希望各位领导干部真正把读书学习当成一种生活态度、一种工作责任、一种精神追求。

第五个机制：分享机制

行政干部要学会分享。分享有两个好处：

一是对分享者的好处。行政会上的分享可以提升自己筛选信息的能力，因为值得分享的信息，必然是经过精挑细选的。即使只分享了5分钟，那也是你花了很长时间去学习、去筛选的。

二是对团队的好处。行政会上的分享可以提升我们整个团队的信息敏感度，你的发言可能会给别人带来一些启发。

以上就是我们行政团队要建立的五大机制：例会机制、反馈机制、链接机制、学习机制和分享机制。稻盛和夫讲："工作就是最好的修行。"我想大家在一起工作，能够锻造坚强的品格，提升个人的能力，提高自己的修为，从而让学校发展得更好，让个人成长得更好。

在工作中，大家有任何困难、问题都请及时与我交流，我们加强沟通，携手努力，不负上级的信任，不负学校的荣誉。祝大家成长为学校的优秀管理者。谢谢大家！

做有执行力的学校管理干部

各位老师：

开学初期，大家都非常辛苦，我很理解。学校管理工作千头万绪，特别是开学第一个月，我们每个人仿佛都拼尽了全力。但大家做到了忙而不乱，学校开学工作有条不紊，各项工作按计划循序渐进地展开。教师看到的是一切准备就绪后的井然有序，却不知道我们背后所付出的时间与精力。今天的行政会，我想跟大家分享三个不等式，我们一起学习提升学校管理工作的执行力、优化学校管理的一些经验。

第一个不等式：接受不等于结果

大家的工作态度都非常好，每次接到工作任务都能及时回答："好的，收到。"甚至回复："好的，立即落实。"但这只能表明你接受了指令，答应了要做，态度很好，这一点没有任何问题。

但是学校管理要的不只是态度，而是要用结果说话。我希望大家在接到工作指令后能迅速把工作落实到位，让学生在优美的校园里学习，让教师在有序的工作中静心育人。

所以，接受工作只是提升管理者执行力的第一步，关键是其后的落实和完美呈现。

第二个不等式：履职不等于结果

有这样一个故事：一位旅行者正在俄罗斯背包旅行，忽然，他发现了一个奇怪的事情：有两个人在路边默默地进行着一系列奇怪的活动——一个人在路边挖了一个坑，另一个人接着把坑填平，然后如此反复。旅行者十分迷惑，于是他忍不住跑过去问道："你们在做什么呢？"两个人回答："我们有三个人在执行一项绿化计划，我负责挖土，他负责填土，今天负责栽树的那个人病了！"

大家听了这个故事一定会觉得这两个人非常可笑，其实我们学校的管理工作又何尝不是这样？我们有明确的分工，每个人看似在履行自己的职责，但其实我们却忘了我们最后的结果：办一所好学校，让学生在学校里有成长的快乐，有真实的收获。如果我们每个人只把自己手头的片面工作执行到位，是达不到这个目标的。

"职责是对工作范围和边界的抽象概括，没有结果意识，职责就是一纸空文。"希望每一个行政人员能够记住这句话。

第三个不等式：做了不等于结果

再给大家讲一个故事：某个单位的领导要到省里学习，于是请办公室主任给他订票。当时还没有网络购票，主任就自己去火车站买票，最后跑回来告诉领导："我排了三个小时的队，但是火车票没有了。"

这个办公室主任辛不辛苦？他有没有在做事？他做了啊！去排了队，他花了时间，但却没有买到票。而另一所学校的办公室主任的做法是通过各种渠道买票。他把很多个方案提供给校长，包括飞机怎么走，包车怎么走，最便宜的方式是什么，最节约时间的方式是什么，最后让校长来做决策，这就是一种注重结果的执行力。

所以，在学校管理过程中，我们不能用下面这样的话来为自己找借口：我已经按照校长说的做了，我已经尽了最大的努力了，我该做的都做了……实际是事情做了却没有结果。做了工作是对程序、过程负责，而收获结果才是对价值、目的负责。

各位同人，"行百里者半九十"，管理之路任重道远。新的学期，我们的工作才刚刚开始，未来的工作还有很多挑战。今天跟大家分享这三个不等式，主要是希望大家能够记住：接受的态度并不等于学校工作的结果，对职责的履行也不等于绩效管理的结果，做了事情更不等于得到了一个值得高兴的结果。

未来，希望我们大家携手努力，对自己负责，做有执行力的学校管理干部。

做优秀的管理者

同志们：

大家好！

"精进者，谓心练于法而不懈怠。"意思是，真正的修行需要修行者日复一日地练习和打磨，不能有丝毫懈怠。这句话放在学校管理中同样适用。优秀的管理需要管理者发挥强大的内驱力和能动性，远离思维和行为的惰性。所以，我们在平时的工作中要养成一些好习惯，从而促使我们不断进步。下面，我向全体行政干部提五个要求。

第一个要求：立牌子

目前，品牌已经成为一所学校生存与发展的关键。作为武穴市的龙头学校，实验中学在学生、家长乃至社会中的认可度非常高，很重要的一个原因就是实验中学"尊重教育""三心"教育思想的品牌已经打响了。可是我们学校许多教师，甚至一些行政干部都缺乏这种品牌意识。品牌的发展在于竞争，而竞争会带来进步。同时，树立将学校品牌做实、做强、做大的意识，也能促进我们强化办学特色，提高教学质量。

第二个要求：举锤子

"举锤子"是一种工作方法，意思是我们在工作中始终要想着我们的任务、使命、责任。比如，若分管德育的领导"举锤子"，随时都在思考学校德育工作如何抓常规、如何搞活动，那么他读到的书、看到的事都会帮助他思考和谋划。

如果我们是随意地、漫无目的地去工作的话，那么很多时候一些灵感并不会集中到我们的大脑中来，只有当我们始终想着我们的工作的时候，我们才可能得到外界所有信息的加持、助力。

第三个要求：留印子

"好记性不如烂笔头"，每个行政干部要有专门的工作记录本，记录下自己思考的足迹和工作的痕迹。我们有些想法可能会转瞬即逝，这个时候我们要记录下来；看到一篇好的文章，获得一些启发，也可以把它记录下来；接到一个任务，发现一些情况，获得一点经验，都可以把它记下来。

此外，手机也是很好的记录工具，拍照片、录视频、录音都是"留印子"的有效手段。

第四个要求：搭架子

这里的"架子"就是框架。我们每一个行政干部都要学会一种思维方法，叫系统性思考或者叫框架性思考。例如，我们每一次的发言、讲话，每一次思考，每一个工作方案，都应该先有结构，再有具体内容。这是一种重要的行政思维，也可以帮助我们安排好自己的生活和学习，避免一团乱麻、零敲碎打，而且可以大大节省我们的时间，提高我们的工作效率。

第五个要求：补位子

"补位子"强调的是我们团队中的相互协作、相互补位。学校任何工作都有具体的负责人，但是参与者有的时候是全体领导干部，有的时候是部分行政领导。这就需要我们相互补位、相互支持。因为无论任何工作，一个人的力量都是有限的，如果我们每个人都参与的话就可以保证质量。

例如，某项工作的负责人发出一个指令，其他人支持，其中一个支持者可能会变成下一项工作的负责人而得到大家的支持。所以，大家的位置是相互的，大家的支持也是相互的。

以上是关于行政工作的五个要求：立牌子、举锤子、留印子、搭架子和补位子。我愿与大家同行，按照这五个要求，做好学校管理工作！

金杯银杯不如老百姓的口碑

亲爱的老师们：

大家好！

学校办得好不好，外界会有各种评价。又到了招生入学的季节，各种学校综合排名在网上铺天盖地。很多即将入学的学生的家长都在网上发问：××学校究竟好不好？

"金杯银杯不如老百姓的口碑。"学校的声誉需要我们大家共同维护，我希望大家做好以下三点。

一、顾大局

学校是我们共同的家。家好，家里的每一个人才能好。无论学校管理者还是老师、学生，我们每个人的一言一行都代表着学校的形象。

希望我们每一位教师顾全大局，不在背后诋毁学校的任何一个同事，更不对外埋怨学生、埋怨家长。我们无心的一句牢骚很有可能被别有用心的人无限放大，最终不利于学校、不利于教师，不利于招生工作的开展。

唯有顾大局、爱学校，我们才能安安心心做好教育教学工作。

二、知政策

第一点需要注意的是，让适龄儿童都有书读。我校是义务教育学段的学校，是公立学校，招生原则就是确保学位、应收尽收，按照"两个一致"优先的原则，先安排与法定监护人户籍地一致且户籍地与实际居住地一致的适龄儿童就近入学。符合"两个一致"的学生肯定有学位、有书读，即应收尽收。

第二点需要注意的是，就近入学不等于最近入学。教育行政部门会根据学位数量和片区居民适龄儿童数量调整划片范围，并非按照家庭住址离哪所学校近就读哪所学校来划片。这一点需要跟家长解释清楚，得到家长的理解。

第三点需要注意的是，师资配备无须具体回答。有的家长喜欢询问哪些教师会教七年级，这些都属于学校内部的人事安排。我们只需要告诉家长所有教师都具有教师资格证，是经过学校的培训和考核且符合学校教师标准的。

三、守常态

招生季全校教师要抓好教学常规，具体包括一日常规等。

因为你是教师，所以你的邻居、朋友可能会向你询问有关小学招生入学工作的情况，我们理当热情回应，积极介绍学校的情况。

"不善合作，一败涂地；齐心协力，共享成功。"希望全校教师精诚合作，守好常态，知晓政策，胸怀大局，一起把学校的招生工作做好！

谢谢大家！

以文化"软实力"引领校园"硬核"发展

——实验中学一场特殊的班主任"例会"

为切实加强校园文化建设，提升班级管理水平，提高教育教学质量，我校于2022年6月13日晚，在校报告厅召开了一场特殊的班主任"例会"——"校园文化管理中的育人策略"论坛。全体领导、班主任参加会议，会议由研发中心林甜老师主持，特邀嘉宾湖北长江报刊传媒集团原党委书记、董事长，现湖北长江出版传媒集团编委会委员、学校文化研究资深专家肖昌斌先生以视频连线方式全程指导论坛活动。

本次会议围绕"校园文化管理中的育人策略"这一主题，分四个阶段安排活动。师风师德宣誓结束后，活动正式开始。

一、经验研讨

第一阶段，由优秀班主任代表周冬琴老师分享题为"用心铸班魂，倾情育新人"的文化治班经验，研发中心副主任兰永亮分享题为"但有路可上，更高人也行——以处室文化建设助力学校发展"的处室文化建设经验。他们的交流分享赢得了热烈的掌声，激发了班主任的讨论热情，七年级班主任刘得祥、八年级班主任张文婕、九年级班主任游锦文作为代表发言。三位班主任分别提出了自己不同的见解，分享了各自班级文化建设的经验，把会议推向了第一个小高潮。

二、专题报告

第二阶段，胡校长做了题为"以文化管理，助推学校高质量发展"的报告。他说，学校面临的不是"有没有文化"的问题，而是"如何实现制度管理到文化管理的跨越"的问题。他指出管理转型可以从四方面入手：一是内化理念，让学校发展有"魂"；二是美化环境，让学校发展有"貌"；三是完善制度，让学校发展有"度"；四是"定制"活动，让学校发展有"力"。他期望参与会议的每一位当有魅力的校级领导，当有活力的处室干部，当有动力的级部干部，当有实力的班主任，用自己的行动引领全校师生甚至保洁员、后勤员工等都参与学校的文化管理，让校园文化的种子在实中人心中生根、发芽、开花、结果，让学校成为有内驱力、可持续发展的学校。他的话让参会人员看到了努力的方向，充满了奋斗的力量。

三、专家点评

第三阶段，特邀嘉宾肖昌斌先生对此次活动给予评价。他说：细节是文化的镜子，师生是文化的名片，故事是文化的支柱。学校文化建设不是结果，而是一个过程，这个过程需要学校师生乃至家长的全员参与。相信有我们这个强大奋进的团队，学校一定可以用文化点亮学生的未来。

四、工作总结

第四阶段，政教处主任宋子尧颁发了5月份综合优秀级部流动红旗，七（一）部、七（二）部分别获得此项荣誉。宋主任对6月份政教工作进行部署后，分管政教工作的副校长熊国安对本次会议进行总结。他说，学校文化建设永远在路上，只有起点，没有终点。希望所有班主任都积极响应号召，努力打造班级文化亮点，以文化铸魂，以匠心筑梦，做一个名副其实的有为班主任。

文化是源自内心的坚守和持之以恒的耕耘，我校将以此次论坛交流活动为契机，推进教育理念、管理方式、育人策略等多方面变革，构建基础教育新生态，从而深层次推动学校从制度管理向文化管理的跨越。

学校"高效5+2"课堂教学模式

学校"高效5+2"课堂教学模式由"高效导学""高效反馈""高效测评"三大板块构成。

"高效导学"属于新授课的课堂教学板块,由"创境激趣""自学指导""探究交流""课堂小结""当堂检测"五个环节组成。

一、创境激趣

此环节是高效课堂的重要组成部分,要讲究生动性、趣味性、启发性,能激发学生的学习兴趣和动机,引导学生进入探究情境,同时为课堂教学"定调"。

二、自学指导

此环节旨在引导学生自学,通过设计"自学提纲"和"学法指导",层层深入地引导学生独立阅读教材并进行深入探究。

此环节设计包括"自学提纲"和"学法指导"两个部分。"自学提纲"应以精要的问题形式呈现,而不是题目形式(如武穴市教科院近年开展的团队研课活动中的"问题设计"环节);对学生自学过程中可能出现的困难应相机设置"学法指导",帮助学生及时解决困难。

根据教学需要,每课时可以设置n组"自学提纲+学法指导",分别引导学生探究不同层次的问题。

在此环节实施过程中，对学生自主学习探究时间要做出适当的规定，整节课自学时间总共不得少于20分钟。教师在指导学生自学的过程中应时刻关注学情，适时进行指导、督促、评价。

三、探究交流

此环节要求教师精心设计教学活动，让通过学生的自主探究、合作交流、探究"学法指导"环节中的问题以及教师的相机点拨和讲解，完成学习任务，达成本节课的教学目标。在探究和交流过程中，教师应该关注全体学生，积极鼓励学生参与交流，学生参与讨论的人数应不低于班级学生总数的2/3。

其中，"板书设计"是探究和交流过程的体现，是课堂精华所在，教师应进行重点设计。

四、课堂小结

此环节旨在对探究和交流的结果进行梳理，使知识系统化，强化学生的能力。

五、当堂检测

此环节要求教师设置几道与前面的"探究和交流"环节相关的习题，及时反馈学情，检测和强化学习效果。此环节包括"高效反馈"环节和"高效测评"环节。

"高效反馈"环节属于对课后习题的设计与落实，是"当堂检测"环节的必要延伸和补充。教师可以根据不同学科特点设计5~10道题目；通过设置"固本题""提高题""培优题"等不同层次的习题，满足不同层次学生的需要，体现分类教学、因材施教原则。"固本题"为必做题，一般来自课本，主要是兼顾全体学生，夯实基础，强化积累，难度较小。"提高题"为必做题，有一定的综合性、灵活性，兼顾班级大多数学生，难度较大。"培优题"为选做题，要求教师将学科培优工作渗透到平时的课堂教学中；可以当堂完成，也可以课后完成；难度较大，不要求每个学生都做。

"高效测评"环节设计以试卷形式呈现，分单元检测、专题训练、期中期末综合测试三类，在系统的测试反馈中进一步检测学情，强化学习效果，也可以作为学生自我检测以及家长辅导子女学习的依据。

　　需要说明的是，习题评讲课也应贯彻"高效导学"五个环节的精神，凸显学生的学习主体地位，切忌课堂上"一讲到底"。

　　试卷评讲课要求与习题评讲课类同。

　　"高效5+2"这种整体性的教学设计，体现了"学—练—考"三位一体，具有科学、实用、高效的特征，为学生的自主、合作、探究性学习提供了平台，明确了学生的学习方向，具有目标明、方法优、易操作、效果好、适用广的特点。

　　"高效5+2"课堂教学模式旨在凸显"先学后教，以学定教"的教学原则，落实武穴市教育局关于高效课堂构建的三点基本要求（①自主、合作、探究；②以问题为导向；③每堂课教师讲授时间不超过20分钟，学生参与讨论人数不低于班级学生总数的2/3）；在运用中还应贯彻"教无定法，教有定规"原则，根据不同学科、不同课型、不同教学内容灵活实施和不断完善。

第四章

心存教师　引领发展

心存教师解读

心存教师：做一品香茗吧！

有位哲人说：社会是锅沸腾的开水，关键看将什么材料投入。第一种材料是生鸡蛋，第二种材料是胡萝卜，第三种材料是干茶叶。结果呢？第一种被煮硬了，不再有梦想与鲜活；第二种被煮软了，变成软塌的胡萝卜泥，随遇而安，迁就规则；而第三种呢？干巴巴的茶叶渐渐舒展开来，一锅清水变成了清香的茶水。

在社会这锅沸腾的开水中，我们踽踽独行，从毕业的师范院校到从事教书育人工作的校园，无论是初为人师时，那豪情壮志的昨天，还是人到退休时，仍孜孜不倦坚守讲台的今天，被这锅开水煮过后，我们最终变成了什么？

我们可以选择成为香茗，用自己的情怀回报社会。当茗茶浸入开水之中，它没有选择缩成一团，而是将自己舒展开来，迎接开水的洗礼。虽然有时水温过高，但它却一直找寻着自己最滋润的状态。

魏书生就是那杯茗茶。他平凡的穿着、平和的语言、平静的神态、娓娓道来的故事，让人感觉如沐春风、如饮甘露。他的教育思想不仅表现在他的报告中，体现在他的行为中，更浸透在他的灵魂中。他对中国教育的影响是巨大而深远的。

我们可以选择成为香茗，用自己的香气感染社会。雷锋，一名普通的战士，却用自己的"香气"感染社会，他的奉献精神已将"开水"染色。"最美教师""最美护士""最美清洁工"，他们虽然普通，却将那一份敬业爱岗、关爱他人的"香气"弥漫到整个社会的"开水"中。

我们可以选择成为香茗，用自己的爱心影响社会。学校张文捷老师是湖北省优秀班主任、武穴市优秀教师。张老师几十年如一日，用爱心影响学生。"投我以木桃，报之以琼瑶。"学生用这份爱心真诚地回报社会，年复一年，张老师青丝变白发，但桃李满天下，她的爱心也自然而然地延伸到社会更远的地方。

我们每一位教育工作者都是平凡的、普通的，职业特点决定了我们的生存之道，在一年又一年的毕业季里，在一届又一届的学生心中，我们没有变成鸡蛋和胡萝卜，而依然是那干茶叶，经过岁月的风雨，经历沸水的蒸煮，我们初心不改，坚守着人民教师的良知。

学校建校40周年了，翻开这部厚重的校史，追寻这一片片"香茗"，我感慨万千，在这一锅沸腾的"开水"中，我为实中人曾经的辉煌、现在的奉献和未来的追求而折服、而骄傲！

老师们，愿你选择成为香茗，张开怀抱、投入社会，融入火热的校园生活和学习中去，用自己的"香气"感染学生，让自己的"香气"影响社会。

敬畏课堂

胡起水校长在教学教研工作会上讲话

教室，应该是校园里庄严的领地。

教室里有什么呢？除了教师和学生，看得见的，是墙壁、门窗、灯光，看不见的，是情怀、责任、使命；看得见的，是讲台、黑板、书本，看不见的，是知识、思想、文明……

这一切融汇在一起，就是神圣的课堂。

课堂，又是什么呢？理性的通道、智慧的殿堂、梦想的工厂……生命，在这里成长、丰盈；文明，在这里传承、演绎；历史，在这里延续、推进。

一、走进教室，为师者当生敬畏之意

课堂，是一个独特的场域。它可以华丽，也可以朴素，甚至可以简单。

它不是农田，不是车间，不是舞台，不是战场。

但它又是农田。播种季节，需要的是知识的种子与挚爱的阳光；生长季节，需要的是精心的耕作和细心的呵护；收获季节，需要的是冲天的干劲和咸涩的汗水。

它也是车间。它需要按照一定的程序和规则加工产品，更需要一种精益求精的工匠精神打磨产品。这里，崇尚极品，追求精品，厌弃次品，拒绝废品。

它还是舞台。青春在这里勃发，个性在这里张扬，才情在这里展示，梦想在这里滋长，生命在这里狂欢……

它甚至是战场。围合的墙壁、透明的窗户之外是广袤的天空，延伸着民族的未来、国运的沧桑。是的，这里，永远在进行着一场旷日持久而没有硝烟的特殊战争。战争的胜负，大则影响着一个国家、一个民族的强弱盛衰；小则决定着一个家庭、一个人在人生竞技场上的荣辱浮沉。

由此，对课堂如何能不生敬畏之意？

二、面对学生，为师者当存敬畏之情

这里有一群独特的生命，一群成长中的未成年人。他们需要呵护，需要提点，需要教导，最终成为明天的社会栋梁、家国主宰。

面对一张张稚嫩的面孔，一双双纯净的眼睛，为师者当怀何念想？一张白纸，当写最美的字，画最美的画。而最美的字画需要最宁静的心态和最高超的技法来完成，你做好这样的准备了吗？或许十年、二十年之后，当学生回忆起你，仍然记得你在课堂上的一言一语、一颦一笑。是的，这些都可以成为影响学生终身发展的因素，你，想到了吗？

教师要眼中有书，心中有人。课堂有充满个性的鲜活的学生，教师对动态学情的把握比课标、教材更加重要。

三、捧起课本，为师者当怀敬畏之念

成功的课堂始于一种对知识、对话的期待。

师生间相互问候和行礼是不可忽视的细节，是怀虔敬之心进入课堂的良好开端，也是相互尊重、尊重知识、敬畏课堂的体现。

课本是课堂的核心。它承载着上下五千年代代先人的无穷智慧，如八面来风般在这里汇聚、交流、传承、嬗变，每一种人类文明成果都源于先民无比艰辛的探索，当有何等重量！

况且，知识超越国界，创新超越时代。对此，怎能不存敬畏之念呢？

教师的情绪影响着课堂的气氛。教师走上讲台就该抛开生活的一切冗杂烦恼，用爱心激发探究欲望，用静心凝注思考氛围，用激情点燃课堂灵感。如此，方不辱使命。

四、挥洒激情，为师者当立敬畏之志

教师应把生命融入教学，把灵魂融入课堂。人生的阅历、知识的积累会让教学设计更加精彩，而课堂上突破预设的生成常能带来意外的惊喜与收获。

最美的课堂永远有思维在流淌，而不仅仅有语言的表达。

课堂应该是动静结合的。深入思考方能进入宁静致远的境界，探究争论才有思维的火花迸发。

每一节课都是相对独立的个体，而所有的课又是相互关联的整体。用心上好每一节课，使之成为学生生命中最美好的记忆，锻造教师生命历程中熠熠生辉的美丽链条。

教师和学生都是课堂的主人。教与学的互动、互促、互生造就了课堂的精彩，也成就了教师的专业发展。优秀的教师会努力把自己变成永远处在学习状态中的学生，而把学生变成可以自学的教师。

而这一切，需要智慧，更需要激情，你能通过持久的学习让自己永葆青春，挥洒绵绵不绝的激情吗？

敬畏课堂，就是要敬畏知识、敬畏学生、敬畏职业、敬畏自己的人生选择。

有了敬畏之心，就会认真准备每一节课；有了敬畏之心，就会努力上好每一节课；有了敬畏之心，就会用心教好每一个学生；有了敬畏之心，就一定能让自己不断成长，直至变成令人尊敬的人。

课堂教学场景

长江后浪推前浪，青出于蓝胜于蓝

——胡起水校长在师徒结对仪式上的讲话

各位老师：

大家上午好！

青蓝工程搭平台，师徒结对共成长。今天，我们欢聚一堂，隆重举办师徒结对仪式。在这里，我代表学校向刚刚结对的师徒表示衷心的祝贺！

今年的师徒结对仪式规格高、规模大，18位师父、18位徒弟，总共36位教师参加了青蓝结对。这18位师父师德高尚、业务精湛、经验丰富、成绩斐然，是我们学校宝贵的财富；18位徒弟年轻有为、虚心上进、勤奋刻苦、活力无限，是我们学校未来的中流砥柱。无论是名师、学科带头人，还是骨干教师，他们无一例外地都会经历从徒弟到师父、从摸索教学到成为教学骨干的过程。一位优秀教师的成长离不开自身不懈的努力，但师父的指导，前辈的传、帮、带同样起着至关重要的作用。

今天，我们在这里举行师徒结对仪式，签订结对协议书。我想，开展师徒结对，关键不在于形式，而在于行动、在于实际内容，要求真务实。在此，我想就这项工作向在座的师父提三个字、四个词。

一、三个字：传、帮、带

作为指导教师一定要做好对青年教师的"传、帮、带"工作，这是师父需要履行的责任。"传"就是传道，传教学之道、教研之道，传管理之道、做人之道。"帮"就是帮助，不仅在业务上帮，还要在思想上帮，要了解徒弟所思、所想、所盼，帮助徒弟建立工作信心，为徒弟提供精神动力。"带"要带德、带才、带教、带研。德是师之魂，才是师之本，教是师之根，研是师之基，只有德才兼备、教研俱佳，才是新时代的好教师。

二、四个词：用心、用情、用智、用爱

这四个词体现了师父在"传、帮、带"时的态度。在师徒结对的整个过程中，师父首先要用心，要精心策划、专心研究、悉心指导，还要持之以恒；其次，要用情，用热情点燃激情，用真情浸润感情，真心真意帮助徒弟成长；再次，要用智，用智慧启迪徒弟，用人格引领徒弟；最后，要用爱，用大爱去关注你的徒弟，做到教学相长，师徒共进。

在此，我也想借这个机会向青年教师提三条建议。

1. 珍惜机遇，虚心学习

希望你们充分利用好学校为你们搭建的师徒结对平台。你们的师父都是骨干教师、武穴名师，甚至是省级名师，你们一定要虚心求教、认真学习。相信你们在不久的将来一定会成为勇挑重担、独当一面的实中精英。

2. 善于反思，求真创新

教师的成长，一是靠经验，二是靠反思。你们要多思考、多改进，对师父的经验不能照搬照抄，在继承师父丰富经验的基础上，结合自己的特长和新课改的要求，敢于创新、善于创新，逐步形成自己的教学思路、教学特色、教学风格。

3. 实现超越，学会感恩

首先要超越自我，在此基础上，争取通过自己的不懈努力超越同事、超越你们的师父，取得更高的成就。你们的成长离不开师父的教诲，离不开学校的支持，离不开同事的帮助。你们要学会感恩，感恩学校、感恩师父、感恩同事。

衷心祝福我们结对的教师们团结协作、共同进步，让我们的年轻教师早日成才，让我们的师父在成就徒弟的同时也成就自己。长江后浪推前浪，青出于蓝胜于蓝，学校相信，在师徒结对的推动下，每一位青年教师定会实现破茧成蝶的蜕变，实验中学的明天定会更加辉煌！

谢谢大家！

班主任工作的三个"第一"

各位班主任:

大家好!

在本学期第一次全体班主任会上,我想围绕班级工作跟大家谈三点看法。

一、安全是第一要务

抓好班级安全教育,是学校安全工作的基础。正像校长是学校安全工作的第一责任人一样,班主任是班级安全工作的第一责任人。我认为在班级安全工作方面必须做到以下几点。

1. 勤问

对于班级的工作,特别是安全工作,班主任应该勤问、勤调查,及时了解不安全的苗头,以确保把不安全因素扼杀在萌芽状态。

2. 勤看

作为班主任,对班级的每一个角落都要仔细观察、勤观察,这样才能及时发现安全隐患,及时与总务处联系,杜绝安全事故的发生。

3. 勤走

对于班级安全工作,班主任应该多花一点时间,勤到班级走走,多去关心班上的同学,这样才能做到防微杜渐。

4. 勤思

提前预判班级工作中可能遇到的安全问题,并思考对策,有助于班主任在日后开展工作时遇到同类问题能够熟练解决,不至于手忙脚乱。

二、德育是第一要义

德智体美劳,德在第一位,这就告诉我们:无论是家庭教育还是学校教育，德育必须放在首位。成绩很重要，但是道德品质、作风修养更重要。

1. 要有教育智慧和方法

现在很多初中生有叛逆心理，严重的让班主任很头疼。有时候，我们看到班主任怒火满腔，这其实是在用学生的过失来惩罚自己，而且达不到教育效果。所以，班主任要少一点蛮劲、多一点智慧，少一份浮躁、多一份平和，对学生要多信任、多欣赏、多包容、多鼓励，多发现他们身上的闪光点。

2. 要有高尚的人格魅力

班主任要为人师表。学生和班主任打交道最多，班主任的一言一行、一举一动都影响着学生。所以，班主任要以良好的职业道德、高尚的人格魅力去熏陶、感染、教育学生。

三、学习是第一要求

1. 从高到低抓思想

所谓"高"，就是班主任工作立意要高，那就是培养学生成为有理想、有抱负的有志青年。学生有了理想与追求，就会有取之不竭的学习动力。所谓"低"，就是班主任要引导学生脚踏实地地去实现自己的人生理想和目标。

2. 由大到小抓班风

建设一个优秀的班集体是我们班级工作的大目标，大目标确定后要做好班级中的一件件小事，处理好班级管理中的一个个细节，如卫生打扫和人员的落实、学生桌上的书的摆放高度、墙上公告的张贴、饮水机保洁、学生作业上交情况等。细节决定成败，当优秀成为一种习惯，自然会形成班风正、学风浓的氛围。

3. 由外而内抓学习

所谓"外"，就是先做好有利于班级学生学习的外部工作，如班风、学风、纪律、卫生、管理等工作。班级整体处于良好的运作状态后，接下来可切入班级的内核，就是个体学习。很显然，班风、学风、卫生、纪律等这些外部工作做好了，学习效果的提高是必然的结果。

胡起水校长在班级管理论坛上讲话

优秀的人往往在别人看不见的地方默默努力

　　学校行政管理工作不仅辛苦，还难免会遇到一些意想不到的问题，学校管理者时常会遭到误解、攻击。即便如此，我们也不能在低迷中放弃自己的成长，而是默默努力、默默变强大。

　　那么，我们学校管理者努力的方向是什么？我们可以借鉴教师专业发展的"三专"理论。朱永新教授在《新教育》一书中提出：专业阅读，站在大师的肩膀上前行；专业写作，站在自己的肩膀上攀升；专业交往，站在团队的肩膀上飞翔。也就是说，通过阅读、写作和交往成就自己的发展。此种模式可以迁移到学校管理中来，学校管理者的专业提升可以从以下三个方面入手。

一、以读带学

　　"读书破万卷，下笔如有神。"这句话流传千古，我们的老祖宗早就告诉了我们最佳的学习办法。博览群书，先把书读精、读细、读透，再做文章，这样运用起来就会得心应手。我以前在担任处室主任时就经常动笔写稿，经验是在写之前先学习相关优质文章的写法，这种方法颇有成效。

二、以写带学

　　学，然后知不足；写，然后知困厄。只有动笔写才知道自己的薄弱点在哪里。

　　当你能写了，就要围绕写作中心对材料内容进行排序。一开始可能主旨不太明确，但只要不断进行思维梳理，分清主次，文章就会越写越顺，所以写作的过程就是思维训练的过程。

　　另外，写作也很能磨炼一个人的意志，正所谓"雕琢文章字字精，我经此处倍伤情"。

三、以讲带学

讲话是领导参与公开活动的一种方式，是发挥领导职能的重要途径，只要是领导，就必须讲话，所以管理者必须有意识地训练自己"讲"的能力。

在正式场合，领导干部可以提前拟订提纲，以提纲为线索讲话。刚开始的时候可以写好发言稿再讲，讲得多了就能做到即兴讲话。在非正式场合，"讲"就是人际交往的利器，口才好的人与朋友共聚一堂时，总能说些幽默风趣的话而受到大家的欢迎。

如果你不擅长"讲"，也不必灰心，只要勇于尝试，从尝试的结果中找出成功或失败的关键，慢慢积累经验，口才自然会越练越灵光。

管理之路任重而道远。在做好日常工作的同时，一定要坚持多读、多写、多讲，如此方能更加从容。请记住，优秀的人往往在别人看不见的地方默默努力！让我们在努力中增长管理智慧，在实践中提升管理能力。

心存教师实践（一）：党建引领与师德建设

开学季，学校师德师风建设在行动

为进一步规范办学行为，提升教师职业素养，让学生享受到优质教育，开学伊始，学校党总支部纪检组在全校范围内进行师德师风问卷调查。

2019年2月27日中午，学校对全校76个班级的教辅资料使用情况、课外补习现象进行全面调查，并随机抽取两百多名学生代表在阶梯教室填写《师德师风调查问卷》和《湖北省中小学收费情况问卷调查表》。问卷还围绕依法执教、爱岗敬业、关爱学生、为人师表、廉洁从教、家校联系等方面进行评价和满意度调查，采取教师全面回避、无记名填写的方式。

近年来，学校在胡校长的带领下，高举素质教育大旗，以尊重教育为理念，全面贯彻落实"三心"教育思想，进一步优化"线块式""一级两部"管理模式。学校以坚定不移的态度，以前所未有的决心，严格执行"一科一辅"，杜绝乱收费现象，坚决向违规补课说"不"，从而切实减轻学生的课业负担。为了巩固前期成果，经校委会研究决定，各年级先自查自纠，再由学校党总支部纪检组全体同志利用午休、课余时间进教室做调查，让违规补课和推销教辅资料现象处于可防可控的状态。

本次问卷调查活动得到了全校师生的大力支持与配合。据统计，问卷回收率100%，教师工作满意度达到预期。从问卷调查活动反馈的信息来看，学校"以学习修师德、以行动立师德、以活动扬师德、以考评促师德"的一系列举措取得了较好的成效。此次活动对强化教师职业道德、提高教师队伍整体素质、提高教育教学质量和管理水平、推动学校各项工作的开展起到了积极的促进作用。

思政课教学的春天已来临

暖春三月，细雨霏霏。2019年3月27日上午，学校会议室春意盎然，气氛热烈。学校全体党员、班主任和思政课全体教师欢聚一堂，对照习近平总书记在学校思想政治课理论课教师座谈会上的讲话精神，认真学习，热烈讨论。

武穴市名师工作室首席名师、学校思政教师陈志敏执教思政课已有26年了。他结合学科特点和初中生实际，深刻阐述了习近平总书记提出的"六个要求"和"八个统一"，认为习近平总书记的讲话为我们初中思政课讲什么、怎么讲指明了方向。我们一定要牢记习近平总书记的讲话精神，把初中道德与法治课上出"思政味"！老教师袁正国听完后，也结合自己的从教事例，分享了许多感慨。他激动地说，思政课教学的春天已来临。

胡起水校长参加思政课专题教研会

胡起水校长十分重视这次教研会，他强调从政治的高度认识思想政治课的重要性，打造一支过硬的思政课教师队伍，深化思政课的改革创新，把学校思政课教研队伍打造成武穴市的优秀团队。

树立高尚师德形象，打造风清气正校园

——武穴实验中学举行师德师风签字仪式

为树立高尚师德形象，打造风清气正校园，2019年7月1日上午，学校全体师生在学校运动场举行了师德师风签字仪式。

首先，胡校长做了题为"不忘初心牢记使命，热爱教育淡泊名利"的讲话。

其次，学生代表陈媛媛宣读《拒绝补课，轻松文明过暑假》倡议书，倡议全体学生不参加任何形式的辅导班，度过一个轻松快乐的暑假。

上午10点，实验中学运动场上空响起了嘹亮的国歌，鲜艳的五星红旗冉冉升起，四千多名师生齐聚一堂，在这里举行"立师德、塑师表、铸师魂，坚决向违规补课、'谢师宴''升学宴'说'不'！"的签字仪式。大会由政教处主任主持。

武穴实验中学举行师德师风签字仪式

胡校长提到，教师是一份伟大的职业，教师不仅要教会学生安身立命的本领，还要教给他们为人处世的道理。"学高为师，身正为范"，教师只有凭借优良的师德、高尚的师表、坚定的师魂才能让学生、家长、社会满意。这次的签字仪式，表达了学校打击违规补课的坚定决心，体现了学校对学生、家长负责的教育态度。

胡校长要求教师做终身学习的楷模，自觉加入终身学习的行列，不断"充电"，不断扩大"内存"，潜心修业、"学而不厌"，潜心育人、"诲人不倦"；希望教师利用假期时间，多多读书学习，认真充电提升。以崭新的面貌、饱满的热情迎接新的工作挑战。

大会上，胡校长与三个年级责任校长签订了年级管理责任状，年级责任校长与各年级部签订级部管理责任状，年级主任与教师代表签订师德师风责任状，层层落实责任。

最后，全体教职工和学生在宣传条幅上郑重签上自己的名字，以表达拒绝违规补课的坚定决心。

牢记纪律规矩，永葆廉洁本色

——武穴实验中学党总支开展6月份支部主题党日活动

"为人师者要筑牢思想防线，增强自身的'免疫力'，要守住清贫，要热爱教育事业……"胡校长在6月份支部主题党日活动中与全体党员干部进行了语重心长的思想交流。

2020年6月2日，学校采取线上、线下的方式召开了6月份支部主题党日活动，并开展了"学""讲""考""看"活动。支部主题党日活动以"力戒形式主义，加强作风建设"为主题，严格落实缴纳党费、奏唱国歌、重温入党誓词、诵读党章、学习党规党情等五个环节。

在本次活动中，大家认真学习了习近平总书记在参加十三届全国人大三次会议湖北代表团审议时的讲话精神，校党支部副书记带领全体党员同志学习了《中国共产党纪律处分条例》《中国共产党问责条例》《党委（党组）落实全面从严治党主体责任规定》等纪委发放的相关文件。

胡校长结合学校实际，主讲了一堂廉政党课——"牢记纪律规矩，永葆廉洁本色"。他要求我校教师，特别是党员干部在工作中热爱教育事业，发挥模范带头作用；两袖清风，高风亮节，守护社会正气，做好表率。他勉励大家一如既往地甘于奉献、保持廉洁、扎根教育。教育工作不允许有太多的幻想和欲望，需要脚踏实地、兢兢业业；需要一支粉笔，两袖清风，立足三尺讲台，守住教育梦想。

会上，党总支还组织观看了廉政警示片《蜕变》，并分支部进行了讨论。会后，胡校长根据这次学习任务，要求大家关注市纪委监委官方微信公众号"清亲武穴"，进行法规法纪在线学习考试，并布置每人写一篇心得体会。

追寻红色记忆，传承红色基因

——武穴实验中学开展主题党日活动

2021年5月9日，武穴市烈士陵园纪念碑前，气氛庄严肃穆。学校全体党员、干部在肃立默哀、敬献花篮、鞠躬致敬后，在校党总支书记的带领下，举起右拳，凝视党旗，重温入党誓词。

随后，大家依次缓步慢行，瞻仰烈士墓碑，追思革命先烈的丰功伟绩。

学校开展"追寻红色记忆，传承红色基因"
现场教学暨主题党日活动

根据学校党总支党史教育总体安排部署，在这一天学校举行了一场"追寻红色记忆，传承红色基因"现场教学暨主题党日活动。根据学校党总支事先拟订的活动方案，整个活动行程分五个阶段：瞻仰武穴市烈士陵园及参观革命历史纪念馆，学习花桥镇张河口小学红色教育特色，参观花桥镇杨二岭村新农村示范点，深入余川镇干仕村革命文化教育基地，在干仕村会议室举行五月份支部主题党日活动——"明党史，感党恩，总结反思促发展"。

上午8时，党员干部们来到烈士陵园，凭吊烈士纪念碑结束后，参观了烈士纪念馆，校党总支书记为大家讲述了碧血千秋史。"县内红旗始终不倒"的抗战精神让人肃然起敬。

接着，党员干部们来到张河口小学红色文化教育基地。该校3位青年教师为大家担任讲解员，声情并茂、绘声绘色地讲述了一个个动人的革命故事，一个个感人的形象展现在党员干部们面前。

"一所农村小学能够将地域特色与学校教育有效融合，办成红色文化特色小学，实属不易。"党员干部们不禁赞叹连连。花桥镇是一块红色革命热土，有诗赞曰：近代花桥名远扬，忠义尚武出忠良。这里有开国将军陈康、建国儒将郭锡章。风起云涌太白湖，花桥曾经起苍黄。红军播下革命种，八个将军共一乡。花桥镇是广济县早期革命活动中心，中国工农红军第十五军发源地。从花桥镇走出去的红军有陈康、蓝侨、张春森、杜国平、陈金钰、刘赞洲，加上中华人民共和国成立后的郭锡章、蓝吉银两位将军，花桥镇共有八位将军，是名副其实的将军镇。

特别值得一提的是杨二岭村中心会场。会场全长55米，宽13米，占地面积4000平方米。1976年，全村人民发扬自力更生、艰苦奋斗的精神，筹建村民大会堂，建成上下两层综合办公楼。上层设有戏台，有999个座位，下层设有供销社、医疗室、村委办公室，门口有停车场、升旗台。

据当地干部介绍，当时建村民大会堂时，集结全村能工巧匠50多人成立专业施工队，由石匠吴有义师傅总体设计，将土方法古为今用，利用当地花岗岩资源，凿出石条6000多根，每根长1.2米，宽0.3米，相当于5000多立方米的石头。底层为桥孔式建筑，桥孔长13米，宽11米，桥洞宽11米，高6米，不用钢筋水泥和木料。这个全部用石条建成的新式建筑，共用了3万多个劳动日。经多方技术设计人员考证，村民大会堂具有中国古典建筑风格，气势宏伟，设计新颖，建造技术高超，吸引了各地人士前来参观。

余川镇干仕村是本次活动的最后一站。干仕村素有"红色村庄"的美称，这里风光旖旎、名人辈出，是武穴市早期党组织从事革命活动的摇篮，也是武穴市最早建立党支部和党总支的红色沃土。在干仕村的近代历史中，先后有88名英雄儿女为革命事业献身。在村委会的三楼革命史展览馆，党员干部们参观了红军时期的革命文物展览。干仕村史料丰富，生动再现了当年共产党人领导人民开展革命斗争的峥嵘岁月。通过参观村史展览和村支部书记讲解，大家全方位了解了干仕村人民前仆后继的英勇献身精神。

随后，全体党员干部走进干仕村党员活动室，举行五月份支部主题党日活动。活动中，校党总支书记带领大家认真学习了习近平总书记视察广西时的重要讲话以及关于中国革命新道路的开辟和鄂豫皖革命根据地的创建等的相关文件。

最后，胡校长对此次活动进行了总结，做了以"发扬红色精神，打造品牌实中"为主题的讲话。

胡校长指出，党史是揭示当代中国社会运动规律的科学。追寻红色记忆，开展党史教育有助于我们传承红色基因，坚定共产主义信念。在当前新形势下，加强党的思想建设、组织建设、作风建设、制度建设、领导班子和干部队伍建设，是全面提高党的战斗力的保障。我们要从党史教育中受到教益、得到启迪、获得力量。通过党史的学习，我们有责任加强学校文化建设；加强级部管理，在级部中深挖文化，树立典范，弘扬正能量。活动结束后，各支部要迅速制订"悟思想、办实事"方案，大力开展讲课、说课、听课、评课等系列教研活动，把党史学习教育贯彻落实到"备教批辅考"的教学行动中，落实到提升学生核心素养的教育行动中；借党史学习之东风，进一步落实实验中学"尊重教育"办学理念和"三心"育人实践模式。

心存教师实践（二）：关爱教师是校长的责任

市委书记教师节前夕慰问学校教师代表

2022年9月9日上午，在第38个教师节来临之际，市委书记、市委常委一行来学校慰问教师代表，向全市广大教师、教育工作者、离退休教职工表示节日祝贺，并致以崇高敬意。

在实验中学物外书吧，市委书记看望了学校优秀教师代表邹继承老师，为他送上慰问品和祝福。随后，他深入了解了实验中学秋季开学学生到校人数、日常教学情况。他指出，希望老师们牢记教书育人的重要使命，坚守立德树人根本任务，不断提高教育教学质量，办好人民满意的教育，为社会培养更多有用之才，为武穴市教育事业优质均衡和高质量发展不懈奋斗。活动中，市委书记肯定了实验中学在优化教师工作生活环境方面的创新举措。特别是物外书吧的建成和使用，为教师提供了良好的阅读和学习环境，提升了教师的素养，为教师提供了精神食粮，真正做到了"育人者先自育"。他强调，学校依然要坚持以学生为中心，对错峰上下学、分区就餐、"双减"政策落实等方面的措施要不断改进和完善，让孩子们快乐健康成长。要坚持安全第一，严格落实校园安全、食品安全等重大责任，营造安全的校园环境。

努力奔跑，做新时代的追梦人

——武穴实验中学2019年度"感动实中十大人物"风采录

程伟老师

人物简介：程伟，七（20）班语文教师，湖北省优秀中学语文教师，武穴市优秀青年教师，黄冈市陈水明名师工作室核心成员，库治华名班主任工作室成员。她从教20年，热爱语文教育，课堂风格鲜明。她主讲的各级各类公开课在黄冈市、武穴市多次获得一等奖，在全国课堂教学博览会和全国第十届"名师优课"展示活动中主讲的国家级示范课广获好评。

颁奖词：她优雅从容，自带光芒；她素心如简，天真坦率；她心存诗意，温婉多才。她将语文的"真"传递到孩子手里，让孩子在语文的世界里自由翱翔。她，就是2019年度"感动实中十大人物"获得者程伟老师。

蔡习胜老师

人物简介：蔡习胜，九（19）班班主任兼数学教师，中学一级教师，武穴市书法协会会员。作为初中数学培优优秀辅导教练，他辅导的学生多次获国家级、省级一、二等奖。26年来，他勤勤恳恳，真诚待人，踏实做事，乐于教育教学，把班级管理工作做到尽善尽美。他是学生、家长心中的好老师、好班主任。

颁奖词：他多才多艺，翰墨寄情，球场争锋；他勤奋踏实，披星戴月，与生同行；他热爱事业，深耕细作，硕果累累。他用魅力影响学生热爱生活，他用激情感染学生畅游学海。他，就是2019年度"感动实中十大人物"获得者蔡习胜老师。

刘曙辉老师

人物简介：刘曙辉，八（4）班班主任兼数学教师，中学数学一级教师，武穴市优秀班主任。从教以来，他勤于教研、严于管理，以爱育人、以诚待人。班级的一份份荣誉见证着他的管理能力，中考竞赛的辉煌回馈着他的辛勤付出。他在学生的成长中收获教育的幸福，他在幸福的教育之路上快乐前行！

颁奖词：深钻细研，劈波斩浪，教学生涯求卓越；嘘寒问暖，无私奉献，育人路上显赤诚。他是学生的严师，追求细节的完美；他是同事的榜样，钻研教学的艺术。他，为中考成功殚精竭虑；他，为竞赛辉煌屡建奇勋。他，就是2019年度"感动实中十大人物"获得者刘曙辉。

方军义老师

人物简介：方军义，八（23）班班主任，中学数学一级教师。他多次获得武穴市优秀班主任、全国优秀数学竞赛辅导教师等荣誉称号。他有着丰富的初中数学教学经验，教学成绩优异，多次获得市级优质课比赛奖项；他热爱教研，多篇论文在国家级、省级、市级平台发表。他的教育理念是：把掌声送给学生，把精彩留给学生，把期望带给学生。

颁奖词：他的爱是滴滴甘露，滋养着柔弱的幼苗；他的爱是融融春风，吹拂着稚嫩的心灵。他立志做孩子成长路上的引路人。在30年的教学生涯中，他用不变的教育理念为孩子撑起一片蓝天。他，就是2019年度"感动实中十大人物"获得者方军义老师。

程进华老师

人物简介：程进华，七（10）班班主任兼语文老师，中学语文一级教师，库治华名班主任工作室骨干成员，武穴市骨干教师。他朴实无华，志存高远，勤勉乐学，善于创新。20年来，在平凡的岗位上，他用爱心和善念托举孩子们美好的明天，他用智慧和勤奋一次又一次刷新梦想。他用平凡造就不平凡，用最朴素的语言书写着青春的故事，一路向前！

颁奖词：他，平凡而朴实，用执着为孩子撑起一片爱的晴空；他，简单而睿智，用妙招为学生开创一番别样的天地。他，低调内敛、勤奋务实，二十年如一日，一片丹心为学生，三尺讲台绽芳华。他，就是2019年度"感动实中十大人物"获得者程进华老师。

陈勇老师

人物简介：陈勇，1999年毕业于黄冈师范学院，中学物理一级教师。从教21年，先后获得武穴市优秀教师、武穴市骨干教师等荣誉称号。他积极参与教研，有十多篇论文、教案、课件在国家级、省级、市级平台获奖；他培优成绩突出，辅导的学生均在省、市各级各类竞赛中获奖，受到师生的一致好评。

颁奖词：三个班的物理不曾压垮他挺直的脊梁，二十一年的磨砺不曾浇灭他对事业热情的火焰。他用深邃的目光，引领学生探索奇妙的物理世界；他用瘦削的肩膀，托起学生广袤的心灵天空。他，就是2019年度"感动实中十大人物"获得者陈勇老师。

刘传遂师傅

人物简介：

水电老师刘传遂，专业技术数第一；校园宿舍水电网，心中有数很清晰。
电灯电扇和水管，有他保障没问题；如若出现小故障，立马排除人称奇。
节约水电兴实中，主人精神受敬佩；工作不分节假日，敬业爱岗实可贵。
默默奉献几十年，不计报酬无怨悔；后勤感动实中人，全票推荐刘传遂。

颁奖词：熟练的技术，展现的是熟能生巧的智慧；忙碌的身影，诠释的是敬业爱岗的本义。他用长年的无私付出，赢得了全校师生的敬重。他，就是2019年度"感动实中十大人物"获得者刘传遂师傅。

吴季女士

人物简介：吴季，八（12）班学生李彦杰的家长。

颁奖词：她是孩子的第一任老师，也是孩子一生的老师。每一道热气腾腾的菜肴，每一件叠得整整齐齐的衣服，每一次与孩子共度的亲子时光，都潜移默化地教会孩子爱和感恩。她，就是2019年度"感动实中十大人物"获得者八（12）班学生李彦杰的家长吴季女士。

解奇兵先生

人物简介：解奇兵，七（20）班学生解智中的家长；中共党员，工程师，1988年毕业于黄冈师专；现任祥云集团副总经理。

颁奖词：工作上，他是一位踏实奋进、身先士卒的优秀管理者；公益上，他是一位心系家乡、心系教育的爱心慈善者；生活上，他是一位言传身教、细心周到的睿智教育者。他，就是2019年度"感动实中十大人物"获得者七（20）班学生解智中的家长解奇兵先生。

李正阳女士

人物简介：李正阳，九（5）班学生张茜的家长。

颁奖词：她是孩子信赖的知心朋友，乐于倾听孩子的故事；她是孩子耐心的人生导师，及时给予孩子适当的指点；她是孩子崇拜的学习榜样，不断更新自己的知识体系。她，就是2019年度"感动实中十大人物"获得者九（5）班学生张茜的家长李正阳女士。

第36个教师节，我们是这样过的……

一支粉笔，两袖微尘，三尺讲台，四季耕耘。

这就是教师。

清晨，他们匆忙的脚步常迎来第一缕朝阳；

傍晚，他们疲倦的身影总伴着最后一抹夕照。

日出日落，他们辛勤耕耘，前行步履不滞；

寒来暑往，他们培育灵魂，浇灌满园桃李。

今天，第36个教师节来临，他们会如何度过呢?

金风飒飒驱暑气，微雨绵绵送秋凉。九月，在这充满诗意的季节，第36个教师节如期而至。实验中学的老师们又度过了一个愉快而又难忘的节日。

我们又获大奖了

2020年是实验中学历史上极不平凡的一年，经过广大干群团结一心、共同努力，实验中学经受住了各方面的考验；参加中考的学生共1400余人，其中有335人达到重点高中线，夺取了2020年中考的全面胜利。在2020年度教育局举行的第36个教师节总结表彰会上，学校获得多项表彰：

（1）2019—2020学年度学校工作综合目标考核优胜单位；

（2）社会管理综合治理工作优胜单位；

（3）工会工作优胜单位；

（4）防汛抢险工作优胜单位。

此外，学校获得的"教育宣传工作优胜单位"和"教育通讯员先进集体"两个奖项将在秋季全市教育宣传工作会上颁发。

九年级一部陈志强主任等13位优秀教师受到教育局隆重表彰。武穴市委组织部部长和武穴市教育局副局长一行来到实验中学慰问一线教师，并勉励他们继续努力，为武穴市教育事业做出新的贡献。

校长又给我赠书了

"学者必求师，从师不可不谨也。"

"新竹高于旧竹枝，全凭老干为扶持。明年再有新生者，十丈龙孙绕凤池。"

"落红不是无情物，化作春泥更护花。"

……

今年教师节，胡起水校长又为每位教师精心挑选一本书，逐本在扉页写下诚挚的祝愿词、深情的勉励语，并亲笔签名。

新晋教师林甜捧着校长签名的《请在哔声后留言》一书，如获至宝。她轻轻地翻开扉页，读着赠言："春蚕到死丝方尽，蜡炬成灰泪始干。"

她激动地拿起笔，加上自勉批注：以梦为马，以书为鞭，只争朝夕，不负韶华！

不一样的座谈会

上午，七、八、九年级和总务处分别召开了庆祝第36个教师节座谈会，年级领导围绕各自的工作，敞开心扉和教师亲切交流。

总务处：成绩与使命

上午9：50，在学校行政楼201会议室，总务处十几位教师齐聚一堂，畅所欲言，或聊工作，或谈生活，现场气氛热烈。

李宇航主任回顾了2020年上半年学校的几件大事，以及后勤教师为学校发展做出的不懈努力与贡献，并希望全体后勤教师能够不负所托，继续保质保量地做好学校的后勤工作。

分管后勤工作的副校长传达了校长对总务处教师的祝福，并发放了校长亲笔签名的书籍。他指出，后勤是学校工作的保障，实中后勤人用自己的坚忍、勤奋和智慧创造了一个又一个佳绩，做到了"繁杂不混乱，繁重不拖沓，烦心不推诿"。最后，他希望全体实中后勤人牢记使命，砥砺前行。

七年级：感恩与祝福

上午10点，实验中学七年级教师代表在图书科技楼四楼录课室召开教师节座谈会。年级责任校长、年级部主任、年级部副主任和七年级部分教师在会上进行了愉快的交谈。会议由年级部副主任主持。

会上，青年教师方敏娟，新晋教师李亮、董丽娟分别发言。他们表示：作为青年教师，一定要努力工作，为实中的发展贡献出自己的力量。班主任代表张文捷、崔光美、马楚一分别发言，他们表达了自己作为实中人的骄傲、自豪，同时不忘自己身上的责任，力争把工作做细做实，不辜负社会、家长、学校领导的期望。资深教师代表张文峰也做了发言，他说离退休虽然只有两三年的时间了，但他仍热爱实中这片沃土，希望它的明天越来越好！

最后，陈焰军副校长用两个关键词做了总结发言：一是感谢。感谢七年级所有教师的辛苦付出，使学校在2020年取得了辉煌成绩！二是祝愿。祝愿全体教师身体健康，生活如意！

八年级：责任与荣誉

上午9：50，八年级在科技楼一楼党员活动室召开教师节座谈会，共同庆祝第36个教师节。参加会议的有年级领导、支部委员、班主任代表、备课组长、教师代表。会议由陈东平主任主持。

会上，乐炎强主任对全体教师表示感谢，同时祝福教师拥有健康的身体、良好的心态、幸福的家庭。

优秀教师代表彭凌副主任分享了他的教学故事，并谦逊地说，作为一名党员教师，他只是在履行教书育人的责任，努力用实际行动诠释一名普通共产党员的初心与使命。

市优秀教师代表余勋金老师借此次机会分享了自己的教育感悟，与全体教师共勉：要用实际行动做一名有责任担当的教师，做一名热爱学生、真心奉献的教师，做一名潜心研究、扎实教学的教师。

优秀备课组长代表杨亚芳老师总结了教学情况以及对后期工作的安排。

工会主席、第一支部书记、八年级分管校长朱新中发表讲话，介绍了此次教师节活动的具体安排，并倡议全体教师立足本职工作，落实立德树人根本任务，爱岗敬业，创新思路，做新时代的好教师。

此次座谈会在轻松活泼的氛围中落下了帷幕，与会教师纷纷表示，一定将会议精神落实到实际行动中。

九年级：成绩与拼搏

上午9点，九年级教师节座谈会在图书科技楼4楼会议室召开，年级领导、支部委员、班主任、备课组长、教师代表参与座谈。

邹继承主任对积极支持年级工作的教师表示感谢，随后对教学质量先进个人、先进班级、优秀备课组进行了表彰。

优秀班主任代表刘曙辉应邀介绍班级管理和教学经验，他强调在教学中要"严"字当头，要严中有爱、严中有度、严中有法。

优秀备课组长代表张秀容总结了数学组取得优异成绩的原因：团体智慧+

个人努力=成功。

优秀青年教师代表鲁正刚做了发言，他说面对工作的挑战，唯有拼尽全力去做，才能百尺竿头，更进一步。

九（18）班学生为表达对教师的感恩之情，清唱一曲《感恩的心》，感染了现场所有人。九（16）班学生激情诵读邹继承主任的诗歌作品《春天的约会》，赢得了雷鸣般的掌声。

最后陈志敏书记做总结发言，他希望每位教师做到立德、关爱、有责、理解，还殷殷叮嘱全体九年级教师把安全工作放在首要地位，在平时教学中渗透培优，立足中考，面向全体，注意防范两极分化，争取明年中考再创新辉煌。

孩子们带来了感动

对十一线教师来说，教师节和平时一样，但这属于教师的节日，孩子们却记得比谁都清楚！

孩子们用自己的方式表达对教师的感恩和敬意。他们自制的小礼物，虽然平凡、朴素，却饱含了他们对教师的深情祝福。

实验中学坚持践行"尊重教育"办学理念，全面贯彻"心存教师，引领发展；心想学生，助力发展；心系家长，协同发展"的"三心"教育思想，关心教师生活和身心健康，努力打造有温度、有温情、有温暖的和乐家园。在这个教师节，实验中学全体教师再一次体验到了独特的温情、温暖。

感动源于奉献，榜样凝聚力量

——武穴市实验中学2020年度"感动实中十大人物"风采录

编者按：有一种付出，叫奉献；有一种精神，叫坚忍；有一种习惯，叫优秀；有一种情感，叫感动。获选2020年度"感动实中十大人物"的教师和家长，他们用平凡的方式和无声的力量感动着身边的人。他们当中有兢兢业业、治学严谨、恪尽职守、无私奉献的教师，有以身作则、默默奉献、不求回报的家长，他们用大爱精神感动着你我！

【教师】

霜染青丝终不悔，红颜不再心犹热

——九（二）部范碧玉

人物简介：

范碧玉，本科学历，中学数学高级教师，湖北省骨干教师。她主讲的公开课多次获奖，十余篇教研论文获得国家级、省级奖项。她从教32年，担任班主任30年，坚持以"爱、严、勤、灵、恒"五字治班。"爱"——以慈母情怀平等关爱每个学生，真诚关爱后进生；"严"——对学生处处严格要求，注重培养学生的良好习惯；"勤"——到班早，跟班紧，工作细，形成家校育人合力；"灵"——坚持把德育寓于学科教学中，善做细致的思想教育工作；"恒"——30年如一日，从不懈怠。她历年所任班级班风正、学风浓、教学效果好，所培养的学生曾荣获武穴市中考状元，个人多次被评为"武穴市优秀教师""武穴市模范班主任"。

颁奖词：

三十二年坚守，三十二年耕耘，三十二年奉献。霜染青丝，红颜不再。

她的青春去哪儿了？

每一个晨昏午夜，讲台上的分分秒秒；每一轮春夏秋冬，校园里的时时刻刻，她永远与孩子们在一起，以自己的青春滋养着孩子们的青春，把自己的才情转化成孩子们的才华。守护，是最真挚的师爱；陪伴，是最长情的告白。于是，才有一次次中考成绩的辉煌、一个个状元诞生的荣耀。霜染青丝终无悔，红颜不再心犹热。她，就是2020年度"感动实中十大人物"获得者——九（二）部范碧玉老师！

誓用师爱谱华章，唤得春风满园香

——九（一）部李先英

人物简介：

李先英，中学语文高级教师，武穴市优秀教师，黄冈市骨干教师，多次荣获省市级讲课比赛一等奖。教学实践中，她特别注重"三个结合""四个完美"。"三个结合"是：把教师个人修养与社会影响相结合，把教师终身学习与教育实践活动相结合，把语文教学与学生思想品德教育相结合。"四个完美"是：塑造完美的教师形象，构建完美的师生关系，打造完美的课堂模式，抒发完美的教育情怀。

颁奖词：

感动源于付出，崇高来自奉献。关键时刻，重担在肩，依然不改师者本色；精批细改，全力以赴，誓用师爱谱华章；争先创优，英姿飒爽，唤得春风满园香。她，就是2020年度"感动实中十大人物"获得者——九（一）部李先英老师！

二十六年风雨雪，心存感恩乐奉献

——总务处胡寨霞

人物简介：

胡寨霞，本科学历。在年度考核中多次获得"优秀"，黄冈教育系统心理咨询师培训班优秀学员，曾获武穴市青年教师演讲比赛二等奖。

颁奖词：

二十六年的雨雪风霜，尽管能侵蚀她青春的容颜，却吹不灭她对教育似火的热情；一天三次的手术，即使曾让她暂别三尺讲台，却无法泯灭她对学校深沉如海的热爱。日复一日，窗明几净，真诚对待每一个同事，是她坚守岗位、服务教学的无言承诺；年复一年，桌椅齐整，用心做好每一件事情，是她履行职责、服务发展的不变追求。"实验中学在我最无助时，给予了我力量，让我从病痛中重生。"这是她常挂嘴边的话。感恩成了她最执着的信念，奉献是她最重要的使命。她用看得见的整洁、看不见的汗水，演绎着一个实中后勤人的美好情怀。她，就是2020年度"感动实中十大人物"获得者——胡寨霞老师！

"配角"教师勇担当，夏日清风冬暖阳

——八（一）部黎靓

人物简介：

黎靓，本科学历。26年来，她一直奋斗在教育教学一线，曾先后获得武穴市优秀教师、武穴市师德模范等光荣称号。她热爱教育事业，积极践行"爱心、耐心、责任心"的"三心"教育理念；她甘当"配角"，凭真才实学实现了从语文学科到地理学科的跨越。

颁奖词：

没有华丽的外表，没有动听的言辞，有的只是永远和蔼的面容、温暖的笑靥。她的课堂，能让学生如沐夏日清风、冬日暖阳。她踏实勤奋，乐于钻研，创新方法，促进学生快乐学习乐此不疲；她通识大体，甘于奉献，顾全大局，服从学校工作安排毫无怨言。领导的信任，学生的爱戴，让她倍感教育的幸福。她，就是2020年度"感动实中十大人物"获得者——八（一）部黎靓老师！

左手责任右手爱，事无巨细用心做

——八（二）部王敏

人物简介：

王敏，武穴市骨干教师、优秀辅导教师和教科研先进个人。她勤于钻研，积极承担"两改六落实"的课题任务和学校团队研课活动，多篇论文获省级一等奖。她的综合实践课《向"中国式过马路"说不》荣获黄冈市一等奖，在2019年全市中考复习研讨会上展示的阅读指导课《小说世界乾坤大，高效答题有妙招》深受好评；多次辅导学生在各类竞赛中获奖。

颁奖词:

一心爱教育,甘守三尺讲台;双肩担风雨,耕耘二十春秋。左手责任右手爱,事无巨细用心做。精诚致远,她用心血诠释语文教学的无限魅力;披星戴月,她用执着解读综合实践的炫目精彩。披沙获真金,拾贝乐从教;华章写桃李,催花迎胜春。她,就是2020年度"感动实中十大人物"获得者——八(二)部王敏老师!

心有静水缓缓流,眼有艳日暖三春

——七(一)部毕艳春

人物简介:

毕艳春,本科学历,武穴市骨干教师,武穴市模范教师。她入职15年,八篇论文在市级以上刊物登发,六次荣获校、市级优秀教师称号。她所任教的班级,学科成绩优异,辅导学生6篇习作公开发表。她拥有平静的心态,专一无杂念,对超负荷工作没有半句怨言;她持杖温暖的法则,对教育慈善为怀,对学生温柔以待;她坚守师德的底线,以爱育人,公正公平,把教师职责看得比什么都重要。

颁奖词:

怀揣着诗意和梦想,静静播撒着生命的芬芳;秉持着热爱与勤奋,幸福耕耘着教育的沃土。心有静水缓缓流,眼有艳日暖三春。执着与坚守,激情与理性,正在徐徐描绘一位奋进者探寻发展的美丽画卷。她,就是2020年度"感动实中十大人物"获得者——七(一)部毕艳春老师!

仰望星空勇追梦,脚踏实地苦用功

——七(二)部郭柳群

人物简介:

郭柳群,中学语文一级教师,黄冈市2012年度初中毕业生学业考试命题组语文学科成员,黄冈市陈水明名师工作室骨干成员,武穴市优秀教师。从教以来,她曾多次在武穴市教学比赛活动中获一等奖,2012年4月在湖北省"课内比教学"活动中荣获黄冈市初中语文学科一等奖。她的课堂教学追求在妙趣横生的讲解中让学生获得知识和能力的双重提升,形成了亲切自然、激情飞扬的独特风格。

颁奖词：

常关注坐在最后一排的学生，她是学生眼中的"爱心妈妈"；

常协助班主任做好管理工作，她是同事眼中的"放心老师"；

常给自己加压完成一项项挑战性任务，她是领导眼中的"用心楷模"。

仰望星空，她用执着和热爱追逐梦想；脚踏实地，她以勤奋和刻苦把握当下。于是，一节节优质的获奖赛课，一次次精彩的送教之旅，一份份高质量的中考答卷，一篇篇灵气飞扬的发表文章，铺就了一条艰辛而闪光的专业成长之路！

她，就是2020年度"感动实中十大人物"获得者——七（二）部郭柳群老师！

【家长】

一所学校的发展需要家长的鼎力支持

——黄侃：七（19）班李洋锐妈妈

颁奖词：

工作再忙也不忘孩子的健康成长，生活再累依然心系孩子的学业进步。一个优秀孩子的成长，一定需要一位妈妈的用心陪伴；一个优秀学校的发展，一定需要所有家长的鼎力支持。她的努力和坚持，培养了一位懂事、上进、文明的孩子。家校联系本上的每一次用心的批注，倾注着她激励孩子不懈努力的满腔心血；文艺汇演舞台上那一股雄浑的民族舞蹈风，凝聚的是她支持学校发展的奉献情怀。她，就是2020年度"感动实中十大人物"——七（19）班李洋锐同学的家长，黄侃！

平凡得像一滴水，却折射出太阳的光辉

——查丽：八（7）班汤紫钰妈妈

颁奖词：

她是一个普通的妈妈，平凡得像一滴水，却折射出太阳的光辉。作为家长，她努力为孩子营造和睦温馨的家庭环境，让孩子健康快乐成长；作为朋友，她注重和孩子平等沟通，为孩子的青春旅程提供智慧的指引；作为导师，她永远用微笑去激励孩子，与孩子共同面对挫折，分享成功的喜悦。为当好孩子的"助跑者"，她不断学习，充实自我、反思自我。她经常与老师

及时交流，共同探寻教育孩子的良方。她，就是2020年度"感动实中十大人物"——八（7）班汤紫钰同学的家长，查丽！

积极与老师沟通，做好家校协作的楷模

——戴焕礼：九（8）班　戴缕歆爸爸

颁奖词：

在孩子的成长之路上，他总是紧随其后，默默付出，全力支持。他努力为孩子创造严格而宽松的发展环境；他主动与学校配合，当好孩子的良师益友；他积极与老师沟通，做好家校协作的楷模。他，就是2020年度"感动实中十大人物"——九（8）班戴缕歆同学的家长，戴焕礼！

声声慰问诉深情，暖暖祝福送不停

——校长胡起水教师节前走访慰问教师代表

"校长能够亲自来看望和慰问我们，我们的内心无比温暖，这是对我们教师工作的肯定和鼓励，我们会继续坚定信念，坚守岗位，为社会培养出更多的优秀人才。"黄冈师范学院附属武穴实验中学优秀教师郭柳群深情地说。

2022年9月6日下午，在第38个教师节来临之际，胡起水校长深入走访慰问一批在职优秀教师、带病坚持工作教师、困难教师、老有所为的退休教师等，倾听他们的心声，感谢他们为学校的建设和发展所做的贡献，并借此向广大教师和教育工作者致以节日的问候。

在走访慰问退休教师过程中，胡校长亲切地与教师促膝谈心，仔细询问教师的身体、工作、生活等情况，聆听他们对学校发展的宝贵意见和建议，并向退休教师介绍了学校的发展情况和未来发展规划，对他们多年来在教育事业上的辛勤耕耘表示崇高的敬意。

在慰问优秀教师过程中，胡校长希望他们能进一步强化创新精神，在创新中更新教学理念，积极借鉴吸收先进的教育理念和教学方法，发挥示范作用，帮助更多年轻教师成为"行家里手"，培育更多栋梁之材。

胡校长与湖北省有突出贡献中青年专家、黄冈市学术技术带头人、黄冈师范学院文学院硕士生导师、教科室主任陈水明深入探讨教研工作。

胡校长与优秀教师邹继承亲切交谈，赞扬他对教育工作的热情和昂扬的斗志。

在慰问遭遇疾病及家庭困难的教师时，胡校长叮嘱他们保重身体，科学养生，鼓励他们保持积极的心态，坚定信心，不断克服困难。被慰问的教师对学校给予他们的关心和慰问表示深深的感谢，并表示一定会积极生活，努力工作，以回报学校给予他们的关爱和温暖。

学校化学组库文涛老师上学期不慎摔伤，小腿骨用钢板固定，缝了四十多针。出院后医生要求他在家休养三个月，但秋季开学前他得知学校学生人数将激增而教师紧缺，主动返校，坚持带伤上课。胡校长为他的敬业精神所感动，教师节前夕冒着大雨来到库老师家上门慰问，了解他的伤势以及恢复情况，并询问他的生活状况以及目前所面对的困难。

教育事业的发展，离不开广大教师的辛勤付出。胡校长表示，学校一定会尽最大努力，密切关注教师群体的合理诉求，关心关爱教师，维护教师权益，积极为教师解难题、办好事、办实事，让广大教师能够安心教书育人。

本本书籍传真情，句句祝福暖师心

一年中有这么一个特殊的日子，只属于教师，在开学后不久，在教师正为新学期忙碌之时。

在这个特殊的日子里，实验中学足球场上的热情一浪高过一浪，学生时而掌声雷动，时而高声呐喊。他们沉浸在心与心的碰撞、情与情的交融、爱与爱的传递中。

是的，今天是第38个教师节！

升旗仪式上，武穴实验中学校长胡起水为每位教师送上了丰厚的精神食粮——300多册亲笔签名的畅销图书，不仅丰富了教师的精神世界，更以实际行动将学校的办学理念、书香气息传递给每一位实中师生，让全校师生感受到了满满的正能量。

赠送的书目有朗读者系列《生命因梦想而沸腾》《让陪伴很长：给长辈朗读》，名著名译丛书《浮士德》《钢铁是怎样炼成的》、阿尔伯特·哈伯德（美）的《自动自发》等。

第38个教师节胡起水校长为每位教师送上亲笔签名的图书

　　课堂不拘泥于课本，旁征博引，幽默风趣，学生才会喜欢。胡校长希望教师通过自己读书来带动学生读书，把每一个学生都领进书籍的世界，争做"学习型"教师，不断拓宽教育视野，追寻教育真谛，将阳光播撒到每一名学生的心灵深处。

　　本次活动使教师深受感动并体会到教师职业的光荣感和社会责任感。每位教师接过礼物后脸上都洋溢着喜悦的笑容。武穴实验中学以赠书仪式开启了新一轮校园读书活动，用阅读滋养教师的心灵，让校园氤氲着书香。

今又重阳，红安之旅别样情

——武穴实验中学退休教师重阳节活动侧记

又是一年重阳节，又是一树桂花香。2021年10月20日，武穴实验中学工会组织退休教师前往红安参观黄麻起义和鄂豫皖苏区纪念园。

上午11时，退休教师一行60余人经过四个多小时的颠簸终于顺利抵达黄麻起义和鄂豫皖苏区纪念园。虽然旅途很疲惫，但老师们一下车就迫不及待地入园参观。园区门口，一座纪念碑高高地耸立着，上面镌刻着"黄麻起义和鄂豫皖苏区革命烈士纪念碑"和一枚五角星，让人肃然起敬。

大家在纪念碑前三鞠躬后，又转到纪念碑的背面。背面的诗文记录了黄安人民为革命所做的巨大贡献：小小红安，人人如汉，铜锣一响，四十八万，男将打仗，女将送饭。

纪念碑的后方便是湖北省反腐倡廉传统教育基地——黄麻起义和鄂豫皖苏区革命历史纪念馆。一走进大门，一组革命英雄的群雕便矗立于眼前，他们举着枪、拿着大刀和手榴弹冲锋陷阵的场景展现着大别山英烈们当年的雄风。导游为我们讲解了大别山人民从1927年至1937年之间十年的抗战史。这段历史分为六个阶段：黄麻惊雷、商南烽火、皖西烈焰、赤区新貌、鏖兵大别、浴血孤旅。一幅幅生动鲜活的画面、一句句激动人心的口号仿佛让人回到了那个浴血奋战的年代。

随后，大家还参观了李先念纪念馆和董必武纪念馆，在这里，大家深深感受到红安人民优秀的人格魅力。

下午，大家又来到七里坪的长胜街。七里坪原为红安县列宁市，这是一座以列宁名字命名的集镇。这里还保留了中国工农红军第四方面军指挥部、红安县赤色邮政局、鄂豫皖苏维埃银行、七里坪工会等机构的原貌。我们走在小镇青石板的路上，看着飞檐翘角的青砖房子，似乎能触摸到当年红安人的革命热情。

　　此次红安之旅是实验中学送给退休教师的一份特别的重阳节礼物，教师在这次红色之旅中感受到一种别样的情怀。大家纷纷表示，要珍惜现在的幸福生活，要发扬苏区人民的革命精神，继续发挥余热，为教育事业做出自己的贡献。

武穴市实验中学召开退役军人座谈会

为进一步弘扬拥军优属的优良传统，2019年8月1日上午，武穴实验中学召开了退役军人座谈会。会议由学校工会主席朱新中主持。

八一建军节，武穴实验中学召开退役军人座谈会

座谈会上，大家观看了学校《坚持立德树人，注重校园安全，努力办人民满意教育》的行风评议专题片，了解了学校最新的发展状况，激发了大家对学校、对教育事业的责任感和使命感。

大家还观看学习了《面对面》栏目专题片《张富清：英雄本色》。张富清老人说："和我一起并肩作战的很多战友，都为党、为人民献出了宝贵的生命，我有什么资格再到处炫耀自己……我感到很满足。"95岁的张富清老人不忘初心、淡泊名利、无私奉献的崇高品德和忘我精神深深地感动了在场的同志。

退役军人王佳宏老师作为代表做了发言。他说，他们这些退伍军人要继续发扬传统、做好表率、爱岗敬业、再接再厉、自强不息，要像张富清老人一样，把军队的优良作风带到教育岗位上，不负众望，做社会稳定的压舱石，当社会发展的先锋号。

校长胡起水做了题为"退军不退党，退役不褪色"的总结发言。他说，希望退役军人教师在思想上"退军不退党，退役不褪色"，与党、国家、学校保持高度一致；在工作上发挥党员先锋作用，弘扬正能量，为学校的发展做出积极的贡献。胡校长承诺，学校一定会在政策许可的范围内为退役军人教师的工作、生活提供最好的保障，并对9位退役军人教师为学校发展做出的奉献表示感谢。

教师节前市委组织部与教育局负责同志慰问实中教师

　　三尺讲台勤耕耘，桃李芬芳又一年。2020年9月9日，在第36个教师节到来之际，武穴市委组织部部长王光华和武穴市教育局副局长熊亚宁来到实验中学慰问一线教师。

　　当傍晚的余晖洒遍校园，实中沐浴在一片祥和之中。王光华同志走进实验中学，他对整洁的校园主干道、一处一景的校园平面管理和整齐有序的放学路队给予了高度赞扬。

　　在德润楼，王光华同志慰问了一线教师代表陈志强老师，祝福他节日快乐，勉励他继续努力，为武穴教育事业贡献力量，并请陈老师转达：教师这一职业是神圣的，你们为祖国的下一代付出了努力和汗水，奉献了自己的青春，在此向实验中学全体教师致以节日的问候和崇高的敬意。

　　接着，王光华同志听取了胡起水校长的汇报，对实中在践行"尊重教育"理念下的"三心"教育办学思想和育人实践模式、推行"线块式""一级两部"扁平化管理模式方面做出的努力表示肯定，对实中成为2019—2020学年市教育局综合目标考核优胜单位、取得2020年中考辉煌成绩表示祝贺，也了解到实验中学当前面临的困难。

　　他希望全体实中教师发扬甘于奉献、吃苦耐劳的精神，继续重视校园安全，重视学生的心理健康，同时继续抓好教育教学工作。

　　此次教师节慰问，是市领导以实际行动关心教师、重视教育的体现。实中教师将进一步做好教育教学工作，用实际行动诠释教师这份职业的神圣意义，为推动武穴教育事业发展、不负万千家庭期望而不懈努力。

"实中工会，不愧为教职工的温馨之家！"

——市总工会领导来学校调研侧记

2019年11月26日下午5时许，武穴市总工会副主席胡江明率武穴市教育工会主席饶建军，副主席郭建武、朱洪旭及黄冈日报记者来到实验中学检查督导工会工作。校长胡起水，工会主席朱新中、副主席吴德芳等全程陪同。

一、参观办公室

胡江明副主席一行首先参观了实验中学七楼工会办公室及活动室，对整洁的环境、齐全的设施、丰富的业余活动、浓郁的人文氛围称赞不已。胡江明副主席感叹地说："实中工会，不愧为教职工的温馨之家！"

实中工会的大力建设是学校"三心"教育思想中"心存教师，引领发展"的具体体现。自实验中学2017年迁入新校区后，学校就着手打造教工之家，力争让它成为教师"释放压力、交流情感、强身健体、愉悦身心"的温馨家园。

二、教工之家

本着"服务、沟通、维权、温馨"的宗旨，实中工会设立了"与球飞"（羽毛球室）、"球棋乐"（台球、象棋室）、"打乒乓"（乒乓球室）、"音乐吧"等活动室，极大地丰富了教职工的业余生活。刘铁峰、郭熙兰、宋子尧、库治华、吕险云、余平、王晓剑、余宙峰、徐曼、陈芳、游锦文、刘汉斌等教师是这里的常客，他们平时锻炼身体，比赛时又积极为学校出力，可谓教学娱乐一举两得。工会副主席吴德芳是音乐教师，也是武穴市知名编导。她认为，音乐是生活的调色板，是工作的润滑剂。她向胡校长建议，元旦期间举办一次教职工唱歌比赛。胡校长听到吴德芳的建议当即表示支持。虽然此前实验中学也举办过多次这样的活动，但都是租借外面的场地，教职工参与面不大，而此次是在学校的教工之家举办，教职工期望值都很高。

三、教师参加比赛

每年体育节上的保留项目——教职工拔河比赛、8×100米接力比赛，既增强了级部的凝聚力，又增进了教师间的友谊，更有利于学校"线块式""一级两部"扁平化管理模式的落实。

每年冬至日，实中工会还会组织一次迎新春教师长跑比赛。实验中学共有教职工300余人，组织一次这样大规模的比赛难度很大。从组织方案的敲定到后勤保障的落实，步步到位。在一年一度的"八一"建军节、重阳节，实中工会都会开展节日走访、慰问等活动，召开座谈会，并发放慰问品。

教育教学是学校的生命线，教职工是学校教育的主力军。学校十分重视教职工福利问题，每年按国家政策足额发放福利。每年春节，学校领导还会上门慰问退休教师。此次检查工作能得到上级领导的肯定，是实验中学长期以来推行"尊重教育"，践行"三心"理念的必然结果。

抢抓"百日攻坚"进度，大力整治校区环境

——武穴市实验中学开展宿舍区环境大整治

"轰隆隆……""咔啦咔啦……""嚓嚓嚓……"2021年8月9日一大早，武穴市实验中学宿舍区内就传来震耳欲聋的机械作业声，原来是实验中学宿舍业主委员会联合校总务处、综治办在组织多名工人开展宿舍区环境卫生大整治。

实验中学宿舍区地处水木清华学府路东侧，属于老旧社区。该区地势低洼，常年积涝成灾，排水困难。宿舍区内楼栋门口的防盗窗下都堆满了各种各样的杂物，显得十分凌乱；围墙私搭私建情况比较严重，宿舍区内花坛围墙处杂草丛生。这些问题严重影响宿舍区环境形象，也极易滋生细菌，彻底整治迫在眉睫。

早前西新村社区多方争取将实验中学宿舍区纳入老旧城区改造项目，胡校长也在学校会议中多次强调：要配合小区改造的新政策、大气候，早安排、早规划，努力把学校教工宿舍区建设成为武穴市文明、美丽、和谐的示范小区。

随后，实验中学总务处不遗余力地进行了环境卫生大整治。

自2021年7月14日武穴市吹响城区黑臭水体暨环境卫生整治"百日攻坚"冲锋号以来，武穴实验中学依托西新村社区辖区治理规划，落实《西新村"百日攻坚"环境整治方案规划》文件精神。

2021年7月31日下午，顶着炎炎烈日，实验中学领导和相关处室负责人一起，在学校宿舍区实地察看，研讨并落实小区卫生整治等工作。

2021年8月2日上午，实验中学宿舍301室召开宿舍区环境卫生整治工作推进会，研究部署宿舍区环境综合整治"百日攻坚"工作。会议由宿舍区业主委员会负责人、学校分管后勤的副校长方晓峰主持，胡起水校长、陈志敏书

记、西新村社区游书记出席并讲话，宿舍区全体包保干部、业主委员会委员参与会议。

从2021年8月4日开始，每天清晨6时，副校长方晓峰及校总务处干部就带着工人开始行动了，他们清理花坛，割拔杂草，铲除沉积垃圾，搬运废旧家具，清扫水泥地面……盛夏的太阳炙烤着大地，也炙烤着校总务处干部和工人们，大家顶着烈日，埋头苦干，尽管全身湿透，依然坚持工作。他们每整治一处，都认真进行消杀，用勤劳的双手还实中宿舍区一个整洁、干净、健康的宜居环境。

这个春节格外暖

——校领导年前慰问教师

　　峥嵘岁月育桃李，温情慰问暖寒冬。2022年1月25日上午，正值新春佳节来临之际，学校领导分成两个慰问小组来到了部分教师代表家中话家常、问冷暖，为他们送去了亲切的慰问和真挚的祝福。每到一处，学校领导都与教师亲切交谈，感谢教师一直以来的辛勤付出和努力工作，希望教师科学安排好自己的假期生活，多开展一些有益于身心健康的活动，不断提高生活质量，并勉励他们不忘初心，追求卓越，以更饱满的热情做好工作，为实中教育再立新功。

　　张国华老师耕耘教坛40余载，对待学生就像对待自己的孩子，对待教学就像对待自己的生命。胡校长了解了张老师的工作和生活情况，嘱咐张老师保重身体，感谢他为学校发展做出的贡献，并送上诚挚的新年祝福。

　　夏小英老师有着多年班主任工作经验，优异的工作成绩得到了学校、家长和学生的高度认可。胡校长对夏老师的工作给予了高度评价，并希望她不懈努力，再创佳绩。

　　心系桑榆晚，情暖夕阳红。71岁高龄的胡仙容老师瘫痪卧床十余年，收到胡校长送上的节日问候和祝福，内心激动不已，表示自己一直关注着学校的发展，如今看到学校发展再上一个新台阶，她感到无比自豪。

　　最后，胡校长一行还看望了王慧老师，感谢她为教育事业做出的贡献和努力，勉励她继续发挥骨干作用，为学校培养更多的优秀人才。

校领导班子春节前走访慰问教师

　　胡校长认为，学校要发展，教师是关键。学校管理者要关爱教师，切实为他们解决工作和生活中的后顾之忧，这样才能让他们专心教书育人。

　　"心存教师，引领发展"是学校践行"三心"教育的重要一环。在"三心"教育模式的引领下，学校教师在工作上恪尽职守，尽心尽力；在生活上与人为善，相互帮助；在思想上廉洁自律，洁身自好，整体素质不断提高。

　　2022年春节来临之际，学校登门慰问教师代表，送上新年最诚挚的祝福，愿全体教师身体健康，阖家幸福！共同为实中发展凝心聚力！

乒乓比赛传国粹，实中健儿竞风流

——记2019年教育系统教职工乒乓球比赛

武穴市实验中学代表队荣获市直学校组团体混合赛第三名

2019年4月19日下午，武穴市乒乓球训练中心人头攒动，热闹非凡。此时正在进行的是最后一场比赛——乒乓球男子单打决赛。"啪！"的一声，随着实中教师余宙峰的一记抽杀，为期3天的2019年教育系统教职工乒乓球比赛完美落幕。团体赛和个人赛的成绩最终揭晓，实验中学代表队荣获市直学校组团体混合赛第三名，余宙峰荣获个人赛男子单打第一名。消息一传到学校，大家顿时欢呼雀跃。毕竟时间紧、底子薄，能取得这样的成绩实属不易。这其中包含着领导的重视、队员的勤奋、后勤服务的周到及全体实中人的厚望。

一、撼山易，撼实中军难

自一个月前乒乓球队组建之日起，学校领导高度重视：赛前提供各种训练条件：加强教工之家的建设，临时置办了一张乒乓球台，有时带队员到体育馆的专业场地进行热身训练，感受比赛的氛围；赛中到场观看助阵；赛后热烈祝贺，给予队员精神嘉奖。工会主席朱新中全程参与，同队员一起部署战略，研究战术，白天没有时间训练，就晚上加班加点。

核心技术引领者余宙峰老师利用自身的专业优势为各位队员量身定制一套技战术，并扶病带领大家参加比赛。文体委员陈建斌老师每天定时定点召集队员，坚持天天陪练。袁正国老师虽临近退休，但为了学校的荣誉毅然上阵参赛，发挥余热。余平老师兼任3个班的化学课，白天课程排得满满的，晚上仍不顾劳累刻苦训练。

徐曼、张婷婷、王晓剑、陈芳等女将更是为了比赛克服一切困难坚持练习。陈芳为了此次比赛专门定做了一只乒乓球拍；张婷婷说她梦里梦外全是球，为了这次比赛夜不能寐、食不知味；王晓剑一下子消瘦了好几斤；徐曼在比赛时突发腹痛却仍坚持打完比赛。

工会副主席邓炜作为后勤部长，更是忙前忙后无怨无悔。从平日训练时的召集队员到正式比赛时的生活安排、呐喊助威，他都考虑周全，无微不至。

有了这样一支精诚团结的队伍，谁能与之争锋？可谓撼山易，撼实中军难！

二、报君黄金台上意，挥拍上场为君战

我们虽然没有专业的技术，但我们拥有专注的态度，哪怕一分也要努力去拼！

在第一轮小组赛中，我们赢得都比较轻松，均以3：0完胜。

陈建斌、袁正国老师在男双比赛中，一拉一抽，一旋一搓，行云流水，配合默契。无论是大比分领先，还是暂时落后，都能平心静气地打好每一个球。

余宙峰与陈芳堪称金牌搭档。余宙峰，人称"余旋风"，以"稳、准、狠"的球风驰名武穴乒坛，陈芳自初中起就练习乒乓球。他俩组合双打，在比赛中过关斩将，所向披靡。

最终实中代表队以小组第一名的成绩进入半决赛，但在半决赛中惜败，

无缘冠军争夺战。而在季军争夺战中，虽然我们的实力明业强于对手，但大家还是全力打出高水准。余平老师在男单比赛中超常发挥，一个个漂亮的落点赢得了满堂喝彩。

无论输赢，无关胜负，大家的心中只有一个信念：打出实中的风采，打出实中的精气神！

三、数风流人物，还看实中健儿

此次比赛我们代表队虽然没有拿到冠军，但在如此短的时间内能将一支"野战军"训练成一支"正规军"还是可喜可贺的。大家准备以此为契机，继续相约练球，丰富业余生活，并扩大队伍，挖掘其他教师的潜质，争取把乒乓球练成我们的校球，为来年的比赛做充足的准备。

相信只要坚持下去，再加上余宙峰老师的专业指导，实中健儿定能纵横驰骋于武穴教育乒坛！

武穴市实验中学喜获教育系统
乒乓球比赛冠军

为了进一步丰富教职工的文化生活，2021年4月28日至30日，武穴市教育系统在武穴市乒乓球训练中心举行了一场全市教职工乒乓球比赛。武穴市实验中学喜获市直学校组混合团体赛冠军，陈芳获女子单打冠军。

武穴市实验中学喜获市直学校组乒乓球比赛混合团体赛冠军

在小组赛中全体队员均以小组第一名的佳绩出线，进入"八强"。在淘汰赛中我们又以3：0的大比分碾压对手，进入"四强"。在半决赛中，我们与上届冠军——育才高中队对阵，最终以3：2的比分成功进入决赛（要知道，实验中学在2019年的比赛中仅艰难地获得了第三名）。这场比赛的成功大大鼓舞了实中队员的士气，大家的心贴得更近了，拳握得更紧了，必胜的信心更强了！

最后，在与附小的冠军争夺赛中。队员们越打越勇，战斗越来越激，最终实中代表队以3∶2的比分夺得本次混合团体比赛的冠军。

在女子单打比赛中，陈芳顽强拼搏，每分必争，最终力克前几届冠军陈思琪、孙兰芳，夺得本次女子单打比赛的冠军。

这两个"冠军"，刷新了实中乒乓球比赛史上的经录，承载着全体实中人的厚望，更是全体队员平时勤打苦练、战时敢拼的结果。

核心技术引领者余宙峰，曾多次在各级各类比赛中获得男子单打冠军，对手闻"余"色变。近期，他右手受伤，但为了学校的团体赛，他毅然放弃男子单打赛夺冠的机会。他说："为了学校的荣誉，个人名次不算什么！"

女子单打冠军陈芳把"单打冠军"作为自己的梦想，工作之余勤学苦练，分析对手，切磋技艺，最终圆梦。她的获奖感言是："没有最好，只有更好！"

参加本次比赛的队员有：余宙峰、余平、陈建斌、程志强、陈芳、徐曼、张婷婷、王晓剑、游锦文。

工会主席朱新中，赛前部署战略、赛中研究战术，全程跟踪，全方位把控。在总结会上，校长胡起水高度赞扬了全体队员的拼搏精神，并为实中人的团结协作、共创佳绩而自豪！

心存教师实践（三）：培训是教师最好的福利

暑期充电进行时

"我志愿成为一名光荣的人民教师，忠诚党的教育事业，遵循党的教育方针，遵守国家教育法律，履行教书育人职责……"为加强师德师风建设，提高教师队伍整体素质，2018年8月27日下午3点，在整齐划一、铿锵有力的教师宣誓声中，黄冈师范学院附属武穴实验中学暑期教师集训拉开帷幕。

会议由党总支副书记、副校长陈志敏主持。党总支书记董雨生领学中共教育部党组发布的《关于教育系统认真学习宣传贯彻党的十九大精神　写好教育"奋进之笔"的通知》。副校长陈焰军做了关于实施督查以提升执行力的讲话。党总支纪检委员、办公室主任童志勋以"提高职业素养，学会保护自己"为题，从师德师风、违规补课以及网络安全意识形态等三个方面讲述了自己的曲折经历和丰硕成果，让全校教师深刻感受到他对学校的热爱、对工作的严谨和执着。

胡校长传达了教育系统管理干部履行"三项职责"培训班的精神，总结了上学年的工作，明确了暑期集训的目的，同时展望了学校的前景。他强调，要注重构建新型教研队伍，创新教研工作机制，提升教研活动成效；要与时代同步，与学校共荣，与学生同行，争做德教双馨的好教师；坚决杜绝违规有偿补课行为，一经发现严肃处理，绝不姑息。

一年一度的暑期教师集训，是教师学习的大舞台，给教师提出了新要求，为教师提供了新信息，促使教师产生新观点、新思考；是教师自我反思的过程，有助于教师理清工作思路、振奋精神、调整心态重新出发。相信通过集训，全体实中人一定能同心同德，共谋学校和谐发展新局面！

在佛山，我们与教育"大咖"相遇

生命是一场遇见，人来人往，最可贵的就是遇见一群能引领自己的人。

——题记

初秋的深夜，裹挟着寒意的秋风却扑灭不了内心的热情和期盼，我们一行11人在教育局吴汉松科长的带领下登上了南下的火车。乘坐15个小时的火车、3个小时的汽车后，我们顺利抵达了广东省佛山市顺德区，参加"第三届全国名班主任工作室联盟学术年会"活动。

南国的景绿肥红瘦，南国的人温润如玉。在主持人广东省名班主任李丹老师的欢迎声中，应邀专家在大家的掌声中依次登场，学术年会正式启动。

会议由广东省政府督学、广东省中小学德育研究会会长韩东才教授致开幕辞。他的讲话高屋建瓴，明确指出班主任应学习贯彻习近平总书记关于教育的要求和讲话精神，特别强调应加强"德、智、体、美、劳"五个维度中的"劳"的教育，树立正确的劳动价值观，建立新时代德育的新思维。韩东才教授的讲话为我们这次学习之旅开启了一条崭新的"佛山"之路。

德育报社长兼总编为新加入全国名班主任工作室联盟的成员颁发牌匾，我市武师附小的夏丽娟名师工作室成功入选。夏丽娟名师工作室从武穴市名师工作室发展为全国的先进团队，是我们身边的榜样，也将是我们"库治华名班主任工作室"学习、追赶、超越的对象。颁发牌匾仪式虽然只是一个插曲，但亲切之感有之。

一、"孩子，是人生的最高价值"

李镇西老师正好今年退休，他上的最后一课名为"回望芳华，致敬青春"，在PPT上打出的个人介绍是"一位深深地爱着学生，因而也被学生真诚爱戴的老师""从我身边走出了数以千计的善良、正直、勤劳的公民""教育理念是朴素最美，关注人性做真教育；幸福至上，享受童心，当好老师"。这一行行谦逊的文字，诉说着李老师的心声——孩子的幸福比优秀更重要。这是李老师三十多年的教育经验之精华，也激励着我们后来者继续前行。"孩子，是人生的最高价值。"这石破天惊的话震撼着每一个人，而这节课更让我们感受到了做老师的幸福。

二、为孩子按下成长的按钮

来自温州的全国优秀班主任、德育特级教师方海东用一节生动的班会课诠释了他的教育理念。这节课他用丰富多彩的活动，结合心理学知识帮孩子们解决如何确定班级人际交往关系的问题。针对初中学生心理的日益成熟及交往中出现各种问题的现状，方老师用他那充满魅力和辨析力的语言，为孩子们按下了成长按钮。这节课的亮点在于融入了心理学知识。心理学是打开学生心灵的钥匙，方老师的课告诉我们走入学生的心灵需要轻点，再轻点。唤醒的过程是温柔的、美好的，那钥匙是精美的，那按钮更是精致的。"教育的意义在于唤醒"，"沉睡"的我们此时才幡然醒悟。

三、用心灵启迪心灵

重庆市优秀班主任李桂兰老师以一场逻辑严密、内容丰富的演讲，博得了全场经久不息的掌声。她用善心、耐心、热心来激发学生的仁爱之心、向上之心、坚毅之心，以大量的教育案例深入浅出地讲述着自己的教育理念，引领我们开展工作，从而促使我们像她一样成长为"塑造心灵的艺术家"。李老师的演讲深入浅出，体现了她对教育的思考，启发我们要做思考型教师，不断总结工作经验，有效提升自我能力。

美、慧——这是全国优秀班主任、昆明理工大学附小副校长石梦媛老师身上最显著的特征。优雅的身姿、轻松的语调承载的却是三个工作室主持人和常务副校长兼语文教师的工作。她主要从工作室的规划、开展、成果三个方面进行了分享，重点强调工作要形成"导师引领，同伴互助"的常规。在讲述自己如何协调多项工作时，石校长用生动的事例展示了她的睿智："偏爱后进生，厚爱特殊生，博爱中间生，严爱高才生。"清晰的工作定位使她忙而不乱，教研教学成果丰硕。"有教无类，因材施教"是对教师教育方法的考验，做智慧型教师，智慧地引领不同层次学生的发展。

在新时代，社会的发展要求教育培养具有世界眼光和国际视野的人才，这就需要教师发展新德育的新思维。这对我们德育工作提出了更新更高的要求，需要我们不断丰富德育的内涵，帮助每个孩子成为新时代的接班人。

佛山归来看匡山，秋风依旧别样情。与教育"大咖"相遇，感受他们对教育的情怀，正视我们的工作现状，我们深感"教育"责任之重大、路途之遥远、改革之艰辛！

江城教育春满园，采撷百花酿佳蜜

——武穴市实验中学创新开展校际交流活动

为提高学校领导干部和班主任的综合素质及创新能力，学习借鉴优质学校的先进工作经验，积极探索学校管理工作的新思路，推进学校教育教学的全面发展，2019年6月5日，武穴实验中学中层以上干部及班主任共103人，赴市内优质学校参观学习并开展了深入的交流探讨。

实验小学是学习的首站。该校文化长廊名为"陋巷"，艺术活动楼名为"弘毅"，学生出入的天桥名为"九思"。每一个命名都体现了教育者的用心，传递着儒家的思想和精神。

附小的江林分校和明德分校特色教育丰富多彩：合唱队歌声嘹亮，舞蹈队舞姿优美，器乐队乐声悠扬，武术队虎虎生风，书法队行云流水。

花桥小学的文化布置别具匠心，教室的外墙、楼梯的转角都被学校精心利用起来，布置成小小的图书角，方便师生随时阅读。

实验二小下官校区教学秩序井然，课堂上，一双双渴求知识的眼睛、一只只高高举起的小手、一声声洪亮稚气的回答，充满了朝气与活力。

大金中学和龙坪中学是我们这次参观的两所初级中学。

大金中学坚持"幸福教育"的办学理念，创立了"一标六环"的教学模式，学风严谨，作风务实；龙坪中学是一所充满青春朝气的校园，校园东边的教学楼有一整面的照片墙，那一张张笑脸彰显着青春的活力与激情。

"他山之石，可以攻玉。"交流学习结束之后，学校掀起了"看与学""思与做"的热潮。这次校际交流活动形成了一股推进学校发展的强大动力。各年级、各处室迅速开展大讨论，各抒己见，交流感想。6月10日，经过充分准备，学校召开了以"在探索中发展，在创新中前进"为主题的学习总结大会，旨在集中交流心得、统一思想认识，以提高工作干劲。全体领导干部及班主任参加了会议。大会由党总支副书记、副校长陈志敏主持。

　　会上，中层处室干部代表、政教处负责人周学锋主任重点谈了领导干部的管理智慧，他以学校的平面管理为例，建议加大宣传、从严管理，利用家校联动机制共同促进学生养成良好的行为习惯；年级管理干部代表邹继承主任着重谈了年级管理思想，他结合平时的工作心得，反思不足，认为年级干部要加强科学管理思想的学习，主动工作，迅速、高效、精准地完成学校布置的各项任务；班主任代表畅所欲言：七年级优秀班主任代表陈灿云倡导大家做传递幸福的教师，平日的工作要注重落实，要热爱每一个学生，对每一个学生负责；八年级优秀班主任代表徐静希望教师实现角色的转型，从传统被动型教师转变为创新主动型教师，爱岗敬业；九年级优秀班主任代表库治华主张进一步加强师德师风建设，在实际工作中坚守师道尊严。

学校召开"在探索中发展在创新中前进"的学习总结大会

　　胡起水校长以"居安思危"为主题，从"看、思、做"三个方面畅谈了这次"一日行"的收获。他说："一直以来，我都在思考着学校的定位与发展问题，我试图寻找一个契机带大家出去看一看、学一学。这次，这个想法终于得以实现。时间虽只有短短的一天，但是收获颇丰。""这些兄弟学校在校园文化、办学思想、敬业精神上各有特色，这启发我思考学校的办学定位和发展方向。"胡校长从四个方面构思了学校的蓝图——好学校应该是师德师风的模范学校，应该是教学教研的名牌学校，应该是规矩规范的样板学校，应该是特色鲜明的文化学校。他结合学校的现状，指出了学校在管理工作、教育教学中存在的一些问题，如一些领导干部责任意识淡薄，缺乏学习动力，执行力不够，爱当"老好人"；一些教师责任心不强，丢失了师道尊严，没有事业追求，价值观出现了偏差，片面追求个人得失。他期望全体领导干部、班主任通过这次的交流学习，不断反思自身，思想上要有大局观念，保持廉洁的作风；工作中要注重落实，敢于创新；闲暇时要热爱读书，追求进步；把"看与学""思与做"相结合，居安思危，不做井底之蛙。学校工作尽管存在诸多问题，但这并不可怕。只要我们正视问题，寻求解决问题的突破口，以坚定的意志和决心，迎难而上，一定会开创实验中学美好的明天，也将会赢得社会的满意和家长的肯定。

探索管理创新，问道教师成长（一）

——学校管理团队赴黄冈师范学院培训纪实

每一次学习都是挑战自我的机会，每一次学习都是付诸实践的机会，每一次学习都是不断成长的机会。

我校管理干部培训班开班仪式

2019年8月18—19日，我带领学校中层以上领导及部分骨干教师60余人，共赴黄冈师范学院参加素质提升培训学习。

开班仪式在庄严的国歌声中开始。黄冈师范学院党委常委王峰教授代表学院热烈欢迎我们的到来。

武穴市教育局副局长吴为公充分肯定了此次活动的意义，热烈祝贺培训班的成立，希望所有学员好好学习、认真思考、学有所得。

我代表学校表达了真挚的感谢，感谢黄冈师范学院领导对学校发展的关心和支持以及为本次活动所做的精心准备，并祝愿本次活动圆满结束、所有参加培训的学员收获满满。

随后，我们参观了黄冈师范学院校史馆、红馆、生物标本馆。我们不由感慨黄冈师范学院从无到有、从小到大、从弱到强的艰辛历程，不禁叹服一代代黄师人筚路蓝缕、克难奋进的实干精神。我们由衷的自豪，我们也是黄冈师范学院的一员，我们定会在自己的岗位上发挥"黄师精神"，为建设实中做出自己的贡献。

专家讲座

开班仪式结束后，我们就开始了紧张的学习。华中师范大学付卫东教授的《关于深化教育教学改革全面提高义务教育质量的意见》政策亮点解读高屋建瓴，指引方向，鼓舞斗志，振奋人心；黄冈师范学院韩冰清教授的《做好本职工作，提高管理实效》系统性强、知识性强、实践性强、指导性强；英山思源学校教学副校长、中学特级教师刘刚的《向课改要发展动力》情真意切、案例丰富、务实精彩。三位授课教师的专业知识、敬业精神赢得了我们一次又一次的掌声。

这次学习，我们采用会前分享学习心得、现场进行质疑问难、课后交流总结反思等形式消化学习内容。在会场，共有20多位领导干部分享了自己的学习心得。后期，我们还将在全校范围内通过组织召开培训专题总结会进行交流，把学到的理念落到实处，真正指导我们平时的工作。

黄冈师范学院继续教育学院刘杰书记承担了这次培训的主持工作。他对我们的学习方式大加赞赏。他说："课前课后微论坛这种学习方式，八年来，你们是首创者。学员们带着问题去学习、去研讨，才能真正学有所得。没想到附属实验中学的领导、老师们这么敬业，你们是一群学习型人才，相信学校在你们的管理下一定蒸蒸日上。我太感动了，我代表继续教育学院向大家承诺，只要你们需要，我们一定尽微薄之力向你们提供帮助。"

习近平总书记在党的十九大报告中提出"不忘初心，牢记使命"的号召。我校领导层积极响应这一号召，立足学校实际，坚持管理创新，号召中层领导和骨干教师永葆学习的活力与热情，主动学习、坚持学习、不断进步，打造学习型管理层和学习型教师队伍。这两天的学习很辛苦，时间紧凑、内容丰富，我们学得认真、听得专注、记得深刻。相信"为者常成，行者常至"。

这次培训学习是一次探索性活动，是学校与黄冈师范学院联合办学的又一次实践性成果，为今后进一步合作办学、学习培训奠定了坚实的基础，积累了宝贵的经验。

探索管理创新，问道教师成长（二）

——学校管理团队赴黄冈师范学院培训纪实

我们心怀期待，不惧烈日，不畏高温，我们求学问道，探究研讨，谋求自我突破，期待更好地服务学生的成长与发展。

一、出发

2019年8月18—19日，我校中层以上领导及部分骨干教师60余人，共赴黄冈师范学院参加素质提升培训学习。

8月18日早上6：00，我们满怀期待地踏上了行程。

二、开班仪式

学校管理干部培训班开班仪式

上午9：00，开班仪式在庄严的国歌声中开始了。黄冈师范学院党委常委王峰教授代表学院热烈欢迎我们的到来。他为我们简要介绍了学院的历史沿革、校园的基本情况，并强调与学校的共建目标以及本次培训的目的，祝愿我们在此次培训中有所收获。

武穴市教育局副局长吴为公代表武穴市教育局做了发言。他充分肯定了此次活动的意义，热烈祝贺培训班的成立，希望我们好好学习、认真思考、学有所得、付诸实践，并祝愿我们的培训学习达到预期效果。

黄胡校长代表学校做了讲话。他谈了策划本次活动的初衷以及活动的意义。对学校做了简要介绍后，他真挚地表达了对黄冈师范学院领导的感谢，感谢他们对学校发展的关心和支持以及为本次活动所做的精心准备，并祝愿本次活动圆满完成，所有参加培训的学员收获满满。

三、参观大别山生物资源馆

管理团队参观黄冈师院大别山生物资源馆

接着，我们参观了黄冈师范学院校史馆、红馆，收获颇多。我们还参观了学院的大别山生物资源馆。馆中的动植物标本种类繁多、制作精美，让我们赞叹不已。身旁负责解说的学生告诉我们，这些标本有很多是他们自己去大山里采摘、捕捉回来制作的。望着她黑中透红的脸庞，听着她如数家珍的讲解，我心想这就是知行合一的教育成果吧。

上午行程结束，我们怀着满心的期待，盼望着下午的"学习大餐"。

守正笃实践初心，鼓劲扬帆启新程

——学校2022年秋季教师专题培训暨暑期集训大会

云天收夏色，木叶动秋声。在这个暑气未散尽、秋意已先临的季节，学校图书科技楼四楼报告厅充满了浓厚的学习氛围，实中"教师提升能力、锻造作风、争创一流专题培训暨暑期集训大会"如期举行。全体教职员工300余人参加会议。

参加集训的老师们认为，此次暑期培训是一场凝心聚力的思想洗礼，也是一次提气鼓劲的动员集结，更是一次深刻难忘的学习实践。通过交流研讨，教师们思想"充了电"，精神"补了钙"，工作"加了油"，纷纷表示，他们学得深入、学得扎实，学出了使命、学出了担当，将不断把初心力量转化为教书育人的自觉行动，以更加饱满的热情投身到新学期的教育教学工作中。

一、一次不忘初心的师德师风教育

教师是知识的化身、智慧的化身、力量的化身，负有传承历史、开启未来的神圣使命。通过对若干反面案例的学习，教师对师德师风的重要性有了更深入的认识和体会，当大屏幕上显示《中小学教师职业道德规范》时，很多教师不禁小声读了起来。整个学习环节使教师在思想上受到了洗礼，在政治上得到了淬炼，在实践上增加了动力，让教师收获满满，提振了精气神，鼓足了干劲。

二、一次全面实在的躬身自省

"对教育有热爱之心，对岗位有敬爱之心，对同事有友爱之心，对学生有仁爱之心。"

"教师要用心留住每一个学生。"

"平凡中勇担当，平淡中乐奉献，平等中育人才。"

"竭力做好工作，创新取得成效，团结收获成功。"

……

学校各处室干部进行了述职汇报，分别回顾了2022年春季学期处室工作亮点与成效，也反省了各自工作中存在的问题，并提出新学期的改进措施。

黄冈师德标兵、优秀班主任代表分享了各自的成长经历、遭遇的困难以及工作感悟。

会上，教师在学习中提高了认识，在交流中达成了共识，在思考中凝聚了力量。"原来处室、年级工作这么不容易，今后我也应该多一些服务意识、奉献意识、大局意识，为学校的发展贡献力量。"会后，七年级周老师如是说。

三、一次充电提能的动员集结

暑期集训学习是提高教师整体素质的重要举措，更是统一思想、提高认识、调动一切积极因素，创办理想教育的好机遇。2022年8月23—24日，实验中学为期两天的暑期集训，形式多样、内容丰富，有文件学习、主题培训、述职汇报、经验交流、级部研讨、工作安排等；紧扣"提升能力、锻造作风、争创一流"主题开展活动，效果突出，教师学得认真、听得细致、想得深入。相信通过此次集训学习，实中全体教职工定能不忘初心、鼓劲扬帆，以培训学习的新提升开创新学期各项工作的新局面。

心存教师实践（四）：不搞教研的教师是不合格教师

科学筹备，扎实研讨

2018年3月12日，沐浴着春日的暖阳，市教科院领导一行9人，在初中部刘辉平主任的带领下，到我校召开2018年全市中考高效备考研讨会的筹备会。学校语文、数学、外语、物理、化学、政治、历史、地理、生物9科备课组长及教学一线全体领导参与本次会议。

会上，教科院刘辉平主任就本次研讨会做出了具体安排：本次中考高效备考研讨会定于4月2～3日分文理科在实验中学举行，实验中学每学科教师要承担一节示范课，并进行经验交流。会议强调：一要明确本次研讨会的重要性——旨在为全市中考高效备考指明方向；二要实验中学作为承办学校，无论是在备考交流材料、学科经验交流材料上，还是在复习研讨示范课及教师的复习备考心得上都必须彰显学校特色，起到示范引领作用；三要把本次研讨会办成一届高水准的研讨会，让与会教师学有所获，从而更好地指导2018年全市中考复习备考工作。

会后，市教科院各学科教研员与实中各科备课组长进行了深入的交流。各备课组长分别提出了本学科在中考复习备考中的疑虑。教研员也做出了详细的解答，并指出了复习备考中应注意的问题。

作为承办学校，我校分管教学的陈焰军副校长承诺，学校将想尽一切办法、克服一切困难办好本次研讨会。同时，他对与会的实中领导提出要求：率先示范，带头做教研，以此次研讨会为契机，真抓实干促教研，再创中考辉煌。

学校物理教研组积极举办课题研讨会

2018年3月27日上午，"物理教学难点、成因及突破方法研究"研讨会在学校行政楼三楼会议室举行，学校全体物理教师、教科室、年级部以及市教科院领导等约30人参加了研讨。

会议由物理教研组长、校团委书记郭飞主持。课题负责人童志勋老师做了主题发言，他从课题目标、实施情况、取得的成效等方面，对课题研究进行了深入浅出的讲解，并对本学期所承担的任务做了明确细致的分工。各位教师就自己所承担的任务进行了积极的讨论，并提到了在前期研究中遇到的困难，希望学校方面能够提供更多的帮助，创造更多的外出学习交流机会。

教科室主任陈水明表示，学校方面会对课题研究给予必要的扶持，同时与大家一起回忆了物理教研组的优良传统，对物理教研组前期课题的研究情况给予了充分肯定，并提出深入研究的建议。

下午，青年教师张典娜主讲了一节与物理教学难点突破相关的中考复习课。她用诙谐的语言、有效的教学手段，结合精致的PPT和小实验，让学生在轻松愉悦的课堂中掌握《电与磁》一课所涉及的教学难点内容。

市教科院周五星主任对张老师所讲的这节轻松突破物理教学难点的课赞不绝口，同时对学校物理课题研究提出了新的要求。周主任说，"物理教学难点、成因及突破方法研究"课题是黄冈市重点课题，实验中学能承担这样的课题，反映的不仅是学校物理教研组的研讨能力，也是武穴市初中物理课题研究的高水准；希望全体物理教师积极参与课题研究，充分发挥集体智慧，让课题研究的成果能真正为教学服务，为师生服务。

北京奥鹏远程教育中心专家组来
学校调研校本研修工作

　　2018年11月27日，北京奥鹏远程教育中心专家组一行来我校进行校本研修实地调研，武穴市教育局教师管理科马培福科长陪同参与并指导工作。我校教学线领导参与了调研活动。

北京奥鹏远程教育中心专家组一行来学校
进行校本研修实地调研

　　本次调研座谈会的目的是对校本研修示范学校特色挖掘的前期摸底。会上，胡校长就学校基本情况、校本研修工作做了汇报。他详细介绍了学校的"尊重教育"办学理念、"三心"教育核心思想和"线块式""一级两部"管理模式，并从备课组活动、教研论坛、网络研修三个方面阐述了学校校本研修的具体做法。他的汇报得到了北京奥鹏远程教育中心专家胡松林主任和市教育局马培福科长的充分肯定。

最后，北京奥鹏远程教育中心专家胡松林主任、张莹老师与学校参会领导进行了热烈的交谈。胡松林主任盛赞了学校校本研修所取得的成绩，并就主题式校本研修情况与发展规划与学校领导交换了意见。他认为：学校的发展要紧扣教师的专业发展，要以校本研修为重要依托，推行有主题、有亮点的研修模式，要用职业情怀、学科知识、专业技能三项目标完善研修内容，用学科论坛、集体备课、名师工作室、小课题研究（混合式研修）四种模式拓展研修平台，用一节示范课、一篇教学设计、一个PPT、一篇研修心得、一篇评课报告五种需求固化研修成果，从而全面提高教师的专业素养，突出学校的办学特色。

北京奥鹏远程教育中心专家组一行来我校
进行校本研修实地调研后合影

此次调研给学校校本研修指明了发展方向，同时对学校不断优化育人环境、深化教学改革、全面提升办学品质起到了促进作用。

课堂展风采，教研促成长

——我校成功开展"课堂教学展示月"活动

为迎接2019年武穴市中小学教师优质课大赛，进一步推进课堂模式改革，切实提高教师教学教研能力，学校于3月份开展了为期一个月的"课堂教学展示月"暨优质课比赛预赛活动。

语文组教师王敏在"课堂教学展示月"中主讲公开课

本次比赛由学校教科室、教务处组织策划，年级部、教研组、备课组组织实施，并在教学教研工作会上正式启动。学校三个年级、九大中考学科教师参与比赛，两百多名教师参与听课、评课。从活动初参赛教师的选定到参赛教师教学内容的确定，再到反复打磨的"磨课"环节，各备课组教师齐心协力、不畏困难、精心准备，课堂上的展示精彩纷呈、亮点不断。

在教师管理上，学校始终坚持胡校长"三心"教育之"心存教师"思想，按照"质量兴校、科研兴教"的教学管理思路，在平时的教学管理中把教师的专业成长放在首位。教科室、教务处统筹策划，通过"教学月""五个一工程""教研论坛"、课题研究、集体备课等活动全方位推进教研活动，从而提高教师的专业素养和教学教研水平。在往年的教学比赛活动中，涌现出程伟、张赛珠、柯爱妹等在各级讲课比赛中获得佳绩的一大批能教能研的优秀教师，带动了学校的教研工作。

经过教学线、年级部和教研组的评定，在本次优质课比赛预赛活动中王敏、张永忠等教师获得一等奖，李先英、王定等教师获得二等奖。

聚焦高效课堂，探寻备考策略

——2019年武穴市中考高效备考课堂教学研讨会在学校成功召开

　　暖春三月花开季，又是一年备考忙。为了更好地应对2019年中考备考，扎实推进课程改革，为学生的终身发展服务，探索以课堂教学改革为突破口，通过研究课堂、反思课堂、优化课堂，切实提高备考中课堂教学效率的有效途径，2019年3月27—28日，武穴市中考高效备考课堂教学研讨会在我校召开。本次研讨会由武穴市教育科学研究院主办、武穴市实验中学承办。市教科院领导、各乡镇初中教研员、各初中学校主管教学副校长、学科骨干教师共300多人参加了会议。

武穴市中考高效备考课堂教学研讨会在我校召开

　　本次研讨会分两天进行。第一天为文科研讨会，第二天为理科研讨会，共分语文、英语、政治、历史、地理、数学、物理、化学、生物9个研讨组，由教科院相关学科教研员主持活动。研讨分三个环节：观摩课堂教学案例、经验交流、中考备考研究。我校9位老师进行了本次各学科复习备考的示范课展示。

3月27日上午8时，教科院刘辉平主任主持活动开幕式并从三个层面对中考高效备考做了指导，随后由胡起水校长致欢迎辞，九年级分管领导朱新中主席做了题为"齐心抓备考，再创新辉煌"的中考备考经验交流，武穴市教科院刘全丰院长做了总结讲话。

开幕式结束后，学校文科各教研组长组织开展复习课观摩活动，5位文科教师进行了示范课展示。课后，参会教师在各学科分会场，就学科当前的教学进度、教学中的困惑、成功经验及备考策略等开展了交流与研讨。

3月28日，理科研讨会继续在我校开展。4位理科教师进行了示范课展示，各理科教师进行了观摩学习和研讨交流。

本次中考高效备考课堂教学研讨会的成功召开，贯彻落实了市教育局"学校担教学之责"的精神，深入探讨了复习备考策略，及时"问诊把脉"，让广大一线教师的备考课堂教学更有针对性和实效性，为迎接中考打下了坚实基础。同时，本次研讨加强了不同学校间教师的交流合作，为教师业务能力的提升拓展了空间。

联研共析明方向，查漏补缺促提升

——2019年春九年级调考四校联研分析会在学校召开

携手伴同行，联研促发展。2019年5月9—10日，武穴市实验中学、梅川中学、石佛寺中学、凤咀中学四所学校九年级骨干教师齐聚实验中学，共同开展九年级调考联研分析会，针对中考前最后一次"大阅兵"——黄冈市四月调考，进行科学分析和备考研讨。这次会议得到了市教科院的大力支持。会议分文科分析会和理科分析会。

5月9日上午，开幕式在学校德润楼301室举行，由朱新中主席主持。教科院领导、四所学校的九年级负责人、文科教研组长、骨干教师四十余人参会。胡校长致欢迎辞，教科院刘辉平副院长就本次九年级调考做总结分析，并赞赏本次活动具有创新性：用好了本土资源、注重了多样形式、形成了区域共同体。

开幕式结束后，语文、英语、政史三个小组在分会场进行小组研讨，围绕调考试卷分析、中考备考策略、板块专题研讨三个方面进行。四校教师代表的发言精彩纷呈。大家立足校情，针对本次调考做了全面、深入、细致的总结，肯定了学生的优势也指出了他们的不足，并表示在今后的备考冲刺中要继续立足课本、夯实基础、明确问题、寻求突破，力争使学生中考成绩大幅提升。参会教师也展开了激烈的讨论。

5月10日上午，理科分析会继续在学校召开。数学、理化、地生三个小组有序开展研讨。各小组分别从"三个环节""四个方面"对本次调研考试进行了深入的分析。参会教师就试题分析、得失数据分析、备考策略三个环节，从寻找问题、寻求突破、确保实效、解决问题四个方面进行了广泛而热烈的讨论，毫无保留地分享各自的宝贵经验，彼此取长补短、学习借鉴。

此次联研分析会的成功召开，提升了中考备考的实效，拓宽了校本教研的新思路，为四校备考冲刺提供了有针对性的指导，也为四校教师搭建了一个优质的校际交流平台。

教育视导大练兵，内外兼修写华章

——黄冈市教科院武穴视导工作在我校圆满完成

冬日融而远山明，和风畅而晓寒轻。截至11月22日，为期三天的 2019年黄冈市教科院武穴视导工作在学校图书科技楼报告厅胜利落下帷幕。

2019年11月22日，黄冈市教科院武穴视导工作总结会在实验中学隆重召开。黄冈市教科院院长易淑泉、副院长甘喜武，初中部主任王胜华，教研员朱书超、丁茂文、黄志明、郑浩，武穴市教育局党组书记、局长程小斌，教科院院长刘全丰，初中部主任刘辉平以及各中心学校校长、各初中校长、教科研负责人等近百人参加了会议。

会上，各位领导分别对武穴视导工作进行了总结，并对实验中学师生的优秀表现给予了充分肯定。

黄冈市教科院院长易淑泉做了重要讲话。他说，各位校长一要把立德树人根本任务理解到位，二要把立德树人的载体明确到位，三要把教师敬业精神和专业素质提升到位，四要把综合素质评价进行到位，五要把高考导向、中考方向提前研判到位。

甘喜武指出了初中教育的现状。他强调，各学校负责人要切实落实课程标准，有效指导教师培训，深入推进课题建设。武穴市教育局党组书记、局长程小斌对黄冈市教科院领导对武穴教育提出的许多宝贵意见表示感谢。他指出，为了切实提升武穴初中教育教学质量，各学校负责人要做到以下几点：一是主动作为，改革创新，转变作风；二是营造浓厚的教研氛围，形成校长进课堂、全员做教研的教育风气；三是强化考核评价，创新教研模式。

英语和历史两个学科的视导工作在实验中学进行。

我校张萌老师主讲的历史课《第一次工业革命》，浅入深出、层层递进，问题设置有梯度，难点突破有亮点，获得了与会专家和教师的一致好评。

　　实验中学副校长陈焰军和其他学校领导代表分别就各自学校教学教研方面的工作取得的成绩做了经验交流。刘辉平做了题为"用高质量的研究引领武穴初中教育高质量发展"的工作汇报。

　　这次的视导活动是对武穴教育的一次检阅、一次练兵，也是促使武穴教育飞跃发展的一次助推、一次提升。我们相信，武穴教育工作者必将以这次视导活动为契机，内外兼修，苦练真功夫，努力书写武穴教育的华彩诗篇！

与名师同行，研优课成长

——黄冈市陈水明名师工作室参与全国第十届"名师优课"展示活动记录

　　问道语文初冬暖，名师荟萃研课忙。2019年11月23—24日，由中国管理科学研究院教育科学研究所、名师优课教师成长学院联合举办的第十届"名师优课"——全国统编初中语文教材课堂教学观摩研讨会在武汉市光谷实验中学举行，来自全国各地的数百名优秀语文教师齐聚一堂，共享一场语文盛宴。

　　全国中学语文优秀教师、"精致语文"首创者徐杰老师，全国著名特级教师、正高级教师、国家高层次人才特殊支持计划领军人才程翔老师，全国著名语文特级教师、享受国务院特殊津贴的语文教育专家韩军老师应邀到现场授课并做专题讲座。这些名师的课堂，文本解读深入、教学设计精致、点拨归纳干练、文化底蕴深厚、风格鲜明独特，令人回味无穷。

　　我校优秀语文教师、黄冈市陈水明名师工作室核心成员程伟老师应邀执教了一节高质量的观摩课《天上的街市》。在导入环节，伴随着悠扬的音乐，一幅优美深邃的星空图瞬间吸引了全场师生的眼球；接下来，在多层次、多形式的朗读中，程老师循循善诱、带着同学们进入"美丽繁华的街市""自由幸福的世界"；适时穿插"佳作诞生三合一"微讲座，使学生更深入地理解诗歌的主旨；在自创诗歌与原作比较中，帮助学生透彻理解了联想与想象的概念及作用；在最后的读写结合环节，在程老师的引导下，同学们的创作欲望被激发、写作灵感被点燃，佳句迭出，将课堂推向了高潮。整节课目标清晰、过程流畅、环环相扣、对话生动、气氛活跃，赢得了满场掌声。

　　我校黄冈市陈水明名师工作室主持人陈水明老师应邀参会并做精彩点

评。他对李爱梅老师主讲的《抓住矛盾写故事》作文指导课表达了充分赞赏，进行了深度点评。他指出，作文教学要从题材、主题、技法、语言等领域构建完整的训练序列。以"创境激趣—定位写点—案例分析—方法归结—例文解析—激活积累—当堂写作—课堂小结""八步法"打造作文指导课模式，以热身铺垫、唤醒体验、激励评价构建课堂生态。随后他又深入阐述了"矛盾"与"故事"的关系。他的深度评课赢得了现场热烈的掌声。

湖北省教科院语文教研员蒋红森老师做了题为"语文教学案引导学生广泛融入语文实践"的精彩学术报告，报告基于学生语文核心素养的提升，从阅读教学、作文教学、综合性学习、口语交际等领域进行深入阐释和指导，理论精辟，案例丰富，让参会教师获益匪浅。

一直以来，我校坚持把教师的专业成长作为学校工作的重中之重，在尊重教育办学理念下推行"三心"实践模式，坚持"心存教师，助推发展"，通过"4+X"式集体备课、"6+X"式草根教研论坛、课题研究、名师工作室等平台，点燃教师的教研热情。在各级各类课堂教学比赛中，仅语文教师就有数十人次在市级以上讲课说课比赛中获得一等奖。学校目前拥有1家黄冈市级名师工作室、4家武穴市级名师工作室、1家名班主任工作室，通过送课下乡、专题讲座等形式，为课堂教学的深入研究、武穴教育的均衡发展做出贡献。

此次参加"名师优课"活动是学校领导的又一次高瞻远瞩、谋划发展的举措。

湖北省特级教师、黄冈名师工作室主持人陈水明率团队参与全国名师优课展示活动

这个学期，实中生物教研组
"亮"起来了

近日，武穴市实验中学科技实践类作品"初中生物教材插图转换模型"在武穴市第一届青少年科技创新大赛中荣获特等奖、黄冈市一等奖的好成绩，并被保送参加湖北省第一届青少年科技创新大赛。

为备战此次科技创新大赛，在教科室主导下，生物教研组全体教师开展了"课本插图转换生物模型"科学实践活动。胡美菊、张艳君、陈芳等老师和王晓涵、袁菊华两位实习老师组建活动兴趣小组，充分利用"第二课堂"，将书本上的插图由平面转向立体、由抽象转向具象，同时放大比例，并用文字注明结构。该活动学以致用、手脑结合，在校园掀起了做模型、学生物的热潮。经过两个月的努力，活动兴趣小组共制作出模型和标本二十余件。制作好的模型和标本被教师带进课堂用于课堂教学展示，深受学生欢迎。

本学期以来，生物教研组教研有活力，所取得的成绩可圈可点。

在教研组长胡美菊的带领下，生物教研组狠抓教学教研常规，提高课堂有效性。在2019年度武穴市第五届团队研课活动中，全体生物教师围绕研课主题，讨论研课思路、分配研课任务，人人有事做、人人肯做事。最终，生物教研组在全市团队研课大赛中大展风采，获得评委和参赛教师的一致好评。同时，青年教师在这个过程中得到迅速成长，如张艳君老师在武穴市初中青年生物教师优质课比赛中获得城区组一等奖第一名的好成绩，并被推荐参加黄冈市生物优质课大赛。

科技实践有作品，团体研课有成绩，青年教师有成长，本学期生物教研组喜事连连、亮点纷呈。"一滴水可以照见太阳"，生物教研组就像这滴水，折射出实中教师教学教研的热情和教研兴校的共识，正是我校"心存教师，引领发展"办学理念的最好体现。

总结经验补短板，凝心聚力再出发

——我校召开2019年中考质量分析会

一叶荣华春秋意，年末回首深思量。为促进教学质量进一步提高，2019年12月26日，实验中学召开了2019年中考质量分析会。分管教学校长陈焰军，教务处、教科室主任，2019届九年级教师以及现九年级年级主任与学科代表共100余人参加了会议。会议由年级责任校长朱新中主持。

会上，陈焰军副校长做了讲话。2019年，学校蝉联了武穴市中考特别优秀奖，这是市教育局对学校中考成绩的充分肯定，是对2019届九年级教师辛勤付出的丰硕回报。陈焰军说，总结是为了更好的开始，2019届九年级教师又来到新的起点，新的征程要再接再厉，更上一层楼。他提出三点要求：①与时俱进，提高认识。教师要始终牢记党中央提出的立德树人根本任务，与时俱进，把学生的终身发展和可持续发展作为育人的根本目标。②抓好起始，夯实过程。七年级是全新的开始，教师要目光长远，注重培养学生良好的学习习惯，注重教学过程的夯实。③发挥优势，补全短板。要发挥学校的地域优势、生源优势、团队优势、文化底蕴优势，补全规模大、人数多、学生知识水平参差不齐的短板。

教务处刘志军主任对2019年中考成绩进行了详细的分析，对学校各学科在全市的整体情况做了具体的比较，让教师更为清晰地认识到学校的优势学科和短板学科，为今后在工作中"扬长补短"奠定基础。

会上，班主任代表库治华老师分享了他的班级管理方法。在过去的三年里，库老师将学生之力、科任教师之力、家长之力凝聚成上下一心的合力，从而取得了2019年中考的辉煌战绩；优秀备课组长代表邓长智老师分享了数学备课组在中考备考时"三步走"的策略与方法——注重双基，面向全体；专项训练，突出重点；分析形势，突破提升。

年级责任校长朱新中做了总结发言。"九层之台，起于累土；千里之行，始于足下。"质量好坏是学校兴衰的关键。他希望教师抢抓课堂主阵地，严守教学质量"生命线"，加强团队协作，群策群力，精准分析、精准教学。

此次中考质量分析会有内容、有措施、有办法，让教师明确了今后努力的方向，也鼓舞了教师的干劲，对高效教学的有效开展起到了积极的推动作用。相信在全体实中人的共同努力下，2020届中考，我校教学成绩将会再上一个新台阶。

强！这所学校又开坛了……

　　2019年12月底，以"聚焦教育改革、提升教育质量"为主题的校本教研论坛活动在我校图书科技楼四楼报告厅成功举行，学校校委会全体成员、全体中层领导、教研组长、备课组长、相关课任教师共计八十余人参会，活动由教科室副主任库文涛主持。这是继学校暑期开展的《关于深化教育教学改革全面提升义务教育质量的意见》文件学习活动后的又一次集中展示活动。

　　活动首先由陈焰军副校长宣读"聚焦教育改革、提升教育质量"主题征文获奖通报，由校级领导向获奖教师颁奖，随后特级教师、教科室主任陈水明对论坛主题进行了深入的解读。

　　郑颖等八位论文获奖教师依次从管理、德育、教学、教研等角度分享了自己的理论学习心得。语文组郑颖老师结合自己担任多年备课组长的管理经验，着力探讨了创新教研模式、提升教研质效的策略；数学组樊丽霞老师深入探讨了"五育并举"对于全面实施素质教育的重要意义；九年级宋志胜主任就"教师惩戒权"话题发表了独特见解；七年级陈东平主任从教学准备、教学活动、课堂训练、教学反馈四个方面探讨了提高课堂教学有效性的途径；教务处商婷副主任交流了自己在推进名著阅读过程中的实践经验；办公室童志勖主任分享了黄冈市物理课题研究成果《浅谈初中物理学科学困生转化工作的几个问题》，介绍了学困生转化的成功经验；最后，语文教研组长张赛珠老师分享了《教研：让生命向美而行》，畅谈教研对生命成长的特殊意义，诠释了教研之美。

　　随后，陈焰军副校长对八位获奖教师的分享进行了小结。他充分肯定了本次教研论坛活动，指出当前学校教学教研中存在的优势和不足，倡议全体教师就论坛交流的成功经验继续深入学习文件精神，不断进行实践探索，努力提升学校教育教学质量。

　　刚从北师大研修归来的胡校长分享了他在校长培训中的心得体会，并做了"当前背景下校本课程开发的几点思考"主题报告。他深入分析了校本课程开发的现状、面临的困惑，并探寻了对策，希望全体教师能立足校本，以"第二课堂"为平台，积极参与，发挥专长，求实创新，全力推进学校校本课程的开发和实施，同时寄语教师：思考、行动、创新！

暑期集训期间，学校联合黄冈师范学院组织全体领导、教研组长、备课组长、教研骨干到黄冈师范学院进行为期两天的专题培训。返校后，教科室又举行了"聚焦教育改革、提升教育质量"主题征文活动，要求以理论学习为指导，结合本学期教育教学管理实践，进行深入反思、总结提升，形成论文成果。经过几个月的实践反思，学校于年末共收集论文和学习心得五十余篇，并进行了评奖。这充分体现了学校教师教学教研创新的意识与热情。

星光不负赶路人，成功不负逐梦者

——黄冈市陈水明名师工作室第一次活动侧记

2020年5月18日下午三点，九年级语文组的教研例会在学校行政楼501名师工作室召开，此次会议的主题是：如何抓好2020年中考语义备考。九年级语文教师积极参会，年级部主任张永忠、研发中心陈水明书记也到会观摩指导。

"中考已定，梦想可期。"引导学生备战2020年中考，需要我们全体语文教师群策群力，把大困难分解成一个一个小困难，逐个击破。

一、九年级语文老师集体探讨备考方案

1. 六册教材复习方法

睿智的兰永亮老师提出在复习每册教材时，可以从字词、文言文、课内课后的古诗词、文学常识四个方面着手。教师可以细致罗列每个知识点，打印分发给学生，让学生利用早读、课间、晚上的碎片时间来背诵，然后教师在课堂上采用抽背的方式来检测。复习六册教材预计用时15天。

2. 专题复习方法

经验丰富的田剑国老师提出，完成第一轮《中考精典》的专题讲解后，教师要统计出学生易错、不容易得分的习题，特别是一些专题的选择题，教师可以把试题进行改编，打乱顺序，再次呈现给学生，让他们再做一次，达到熟练掌握的目的。

李宇航主任强调，现代文部分要把握考点，掌握答题技巧。近两年的中考现代文阅读的选文大多是小说类的文章，因此，在课外选段上应尽量选取这种类型的文章进行练习。在阅读复习时，教师应该引导学生注意句与句、段与段之间的联系，了解作者的观点和写作意图，做到从整体上把握文章。

陈莹老师强调，我们需要关注第一个板块"古诗文名句积累"，建议教师在网上搜集名人名言并对其进行分类，打印给学生读记。课外名人名言的积累，既能增长学生的见识，又能提高学生的写作能力。

二、专家支招

学校研发中心陈水明书记为九年级语文备考支招。

1. 进度部署

各个班要协调好复习的进度，这样更有利于后期复习工作的开展。

2. A、B班上课情况

怎样保证课堂纪律与效率？有两个办法供大家参考：①培养两三个骨干学生代替教师讲解，让两个班的学生都有事可做；②培养学生的自学能力。

3. 中考备考

在进行第二个阶段的专题复习时，应发挥组内教师的力量，把专题任务分发到个人，然后命制专题试卷进行训练。

对于第三个阶段的模拟训练，策略是：在最后十几天里，由组内教师讨论分析，然后精心打磨三套高质量的试题，试题呈递进式，第一、二套是常规题，第三套则增加坡度、加大难度，让学生有准备地迎接中考。

4. 释疑解惑

对于组内教师提出的失分较多的"课内外古诗词对比阅读"怎样复习才能提分的问题，策略是：首先，教师要让学生了解各个朝代主要的诗人、词人的人生经历，以便学生理解诗句中蕴含的情感。其次，教师要引导学生掌握诵读古诗的技巧。

"星光不负赶路人，成功不负逐梦者。"在学校领导的关心与指导下，九年级全体语文教师将承载学校的期望与信任，携手共进，迎难而上，再创辉煌！

慧引精研真收获，真抓实干巧用功

——黄冈市陈水明名师工作室第二次活动侧记

2020年6月1日，我校德润楼501教研室内，九年级语文备课组"中考议论文有效写作训练"专题研讨活动如约开启。

本次活动是由九年级语文备课组联合黄冈市陈水明名师工作室组织的中考备考系列专题研讨，黄冈市陈水明名师工作室主持人陈水明全程参与活动。

黄冈市陈水明名师工作室举行2020年中考备考研讨活动

"在议论文写作训练中，学生在论证时常常将自己身上发生的事作为论据，如何看待这种现象？"

"给学生讲解议论文写作方法时，学生比较难于理解，这一问题如何解决？"

程丽丽老师针对这次研讨主题首先提出疑惑。

陈水明主任就程丽丽老师提出的问题进行了深入浅出的解说。

他首先明确：根据作文教学规律和中考作文要求，记叙文要尽量写自己亲身经历的事情，而议论文则应该多运用他人（名人）的典型事例，因为只有经过时间验证的真实典型事例才具有说服力，这是议论文与记叙文在取材角度上的一大区别。

陈主任认为，在教学过程中，我们应力求用简单的方法去解决复杂的问题，而不是用复杂的方法解决复杂的问题；而当我们要给学生阐述深刻的道理时，最有效的解决途径就是多运用生活事例，努力化繁为简。

"论证方法表述上的繁杂，给学生的理解和运用增加了难度。如何帮助学生理清论证方法的体系？"徐静老师就自己在议论文论证方法上存在的疑惑以及学生写作训练中出现的状况提出了新的疑惑。

陈主任认为，议论文的论证过程归根结底只有两种逻辑形式：一种是归纳，还有一种是演绎。只要推理过程完整严密，议论文就能做到逻辑严密、条理清晰、论证有力。其实，逻辑推理的过程与数学证明题的证明过程是一致的，教师完全可以从不同学科教学中受到启发、找到借鉴。

从材料运用角度而言，论证方法有两大类：事实论证和道理论证。事实论证亦即举例论证、事例论证，道理论证则包含比喻论证、引用论证等。至于对比论证，其实和举例论证、道理论证并不在同一层面，它是对比写作手法在议论文中的具体运用。

"我个人认为，对于即将参加中考的初三学生而言，议论文写作是一个难点，也是一个风险点，我们是否考虑尽量让学生规避呢？议论文写作需要一个长期的训练过程，不可能一蹴而就。要想在短期内让学生的中考作文水平有所提高，我们是否应该多考虑因材施教、合理安排？如果学生的形象思维能力较强，那么我们就可以指导他们多写记叙文；如果学生的逻辑思维能力较强，那么我们就可以让他们尽量写议论文。这才是当下我们应对中考作文的一个最有效也是最现实的途径。"陈莹老师如是说，她的观点得到了大家的一致赞同。

活动气氛热烈，研讨不断深入。资深语文老师田建国就目前的复习备考也提出了自己的一些看法。他认为在中考备考中，应该将如何用足用活《中考精典》作为我们后期研讨的一个重点。陈水明主任就此也提出了诸如"错题汇编、集中突破"等具体化、可操作的策略。

研讨接近尾声，陈水明主任对语文备课组后期的研讨表达了几点期望：

（1）我们的研讨是为了更好地指导学生进行写作训练，而有效研讨的前提是我们教师要进行持久的深度学习，提高认识。

（2）要高度重视议论文论据的收集、分类与运用，古语"巧妇难为无米之炊"讲的就是这个道理。

（3）大事作于细，一定要注重议论文"段"的强化训练，夯实学生的写作基础。

（4）要积极指导学生提升作文修改能力，经常开展作文升格训练。

（5）在议论文写作指导过程中，大家要勤于学习、训练，善于思考、总结，在备课组内要乐于分享心得与成果，以实现共同提高。

最后，张永忠主任就目前初三备考工作提出了更高的期望和要求。

打造高效课堂，提升备考质效是我校初三语文备课研讨的一个永恒课题。语文学科作为实验中学的一个金牌科目，应该将这种优势发扬下去，稳中抓实、稳中求新、稳中跃进。

实中"党建+课堂教学质量提升"活动蓬勃开展

为营造党员争先创优的良好氛围，充分发挥党员的先锋模范带头作用，着力建设政治素质过硬、业务能力精湛、育人水平高超的高素质教师队伍，努力办好人民满意的教育，我校第一年级党支部立足本支部工作实际，将党建工作融入学校立德树人的全过程，积极发挥党建工作在校本课程中的引领作用，在八年级开展了"党建+课堂教学质量提升"工程。

2020年11月3日，第一年级党支部党员教师李律成为八（一）部全体语文教师和党员教师展示了一节语文公开课。这堂课以"言行中看父亲""变化中谈儿子"为切入点，目标明确，重点突出，让学生通过小组合作模式共同探讨问题，真正做到把课堂还给学生。

讲到生动之处，李老师总会适时创设情境："你有没有被父母哪个行为感动过？""你印象最深的一次流泪是什么时候？""如果给父母写一张字条，你会写什么？"饱含深情的引导激起了学生内心的层层涟漪，课堂上师生互动、生生互动，整个课堂沉浸在浓浓的温情之中。

课后，全体听课教师对这堂课进行了细致的点评。陈国臻主任和彭凌副主任对李律成老师的课给出了高度评价，认为其主要有以下优点：①课堂重点突出，环环相扣，有反馈、有巩固、有拓展；②课堂气氛活跃，学生参与度高，师生配合默契，是一堂高效、有序又不失生动有趣的课；③课件制作精美实用；④教师丰富的语言、生动的引导带动了课堂气氛，让学生产生了情感共鸣。

这是继2020年10月26日党员周志刚主讲英语公开课后的又一次活动。"党建+课堂教学质量提升"工程建立和完善了八年级校本教研长效工作机制，推动了党建工作与业务工作的深度融合，实现了党的建设与党的事业的联动发展、相互促进。今后，第一年级党支部将继续把这项工作深入开展下去。

全面引领，打造"主题式"校本研修特色

武穴市实验中学是武穴市教育局直辖的一所城区重点初级中学，现有教学班级74个，目前在校学生4607人、教职工312人。其中，有研究生学历的教师8人；在职中学高级教师68人；湖北省有突出贡献中青年专家、特级教师1人，黄冈名师2人；省级骨干教师7人，地市级骨干教师69人；省优秀教师4人；国家级教育学会会员3人，省级教育学会会员10人。学校拥有一支学历达标、业务精良、爱岗敬业、勇于创新的教师队伍。

新世纪伊始，课程改革的浪潮滚滚而来，武穴市有幸成为全国第二批、湖北省第一批、黄冈市第一家课改实验区。作为武穴市初中教学教研窗口学校，武穴市实验中学担负起实施课程改革引领改革潮流的历史重任，历经18年课程改革浪潮的洗礼，逐步形成了"尊重教育"的办学思想。

从2017年学校整体搬迁到新校区以来，我将"心存教师""心想学生""心系家长"的"三心"新理念引入学校的思想建设，作为实施"尊重教育"的核心理念、实践抓手。学校心存教师，紧扣教师专业发展主题，坚持以校本研修为重要依托，以职业情怀、学科知识、专业技能三维目标全面引领教师专业成长，积极完善研修内容，推行主题式研修模式，打造研修特色，使教学教研工作呈现出崭新的局面。

一、实践篇：以多种模式混合研修拓展校本研修平台

1. 推进"4+X"式集体备课模式

学校每月举行一次教学教研例会，按照学期初计划有条不紊地安排校本研修任务。备课组每周开展一次集体备课活动，所主讲的内容必须按照学期初制订的计划有序安排。集体备课会推行"4+X"模式，即：①常规检查——由备课组长在教师备课本、听课本上计数、签字（3分钟左右）；②课例研讨——就本周教学重难点提前安排相关教师准备，在本周备课会上展开

研讨，解疑释难，并进行校本教研听课后的评课（15分钟左右）；③心得共享——强化理论学习，分享专业报纸杂志、网络上的美文，或就某观点展开阐述（10分钟左右）；④进度部署——由备课组长征询意见，统一安排教学进度，将相关教研任务落实到人（2分钟左右）；⑤X——其他任务（10分钟左右），如课题研究、上级赛课、培训汇报等。

2. 打造"6+X"式学科论坛，夯实研修基础

学校大力倡导"草根式"教研，要求各教研组每月举办一次学科教研论坛，进行专题研讨。首先由教科室制订详细计划并传达至各教研组，然后在教研组长、备课组长的带领下，论坛活动按照"教研花絮、主题解读、评课研讨、专题交流、专家点评、领导讲话"的"6+X"模式依次推进。教研论坛活动开展过程中，学校领导、各科教师积极参与。各教研组的教研论坛内容丰富、切实深入，并体现出学科特色，具有代表性的有语文组的"魅力语文"、艺术组的"大美艺体"主题展示活动。

3. 经营名师工作室，辐射教育教学影响

学校目前拥有五家学科名师工作室，一家名班主任工作室。其中，黄冈市陈水明名师工作室由黄冈市教育局审批确认，武穴市库治华名班主任工作室、"绿色语文"、"原本数学"、"厚重历史"、"生活思品"等五家工作室由武穴市教育局确认。自从成立以来，各工作室通过送教下乡、课例研讨、参与赛事、高端研修等活动辐射教育影响，提升工作室成员专业素养，为实现城乡教育均衡发展做出了突出贡献。

4. 推进课题研究，实现教研与科研的双赢

随着课程改革的深入，学校从当前校本研修的重点、难点、热点中选题立项，开展课题研究工作。在校本研修活动的推动下，学校课题实验成果迭出，并逐步转化为教学生产力，形成了"人人有课题，个个搞研究，课题出名师，科研创名校"的良好局面，实现了教研与科研的双赢。湖北省"综合阅读"等课题成功结题并召开了全省结题现场会。通过实验，学生的阅读写作能力和综合素质获得提高，学校教学质量和办学品位获得提升，同时培养了一批科研型名师，有力地推进了课程改革，也巩固了校本教研的成果。近年来，学校申报的教育部"中华经典诵读"、湖北省"初中语文备课改革'两改六落实'实验研究"等多项课题均圆满结题。近期有五个学科申报了湖北省"基于核心素养的学科考试评价研究"课题，正在研究中。

5. 承办教研活动

在校本教研活动中，学校积极延伸校本教研成果，承担或争取上级安排的各种教研活动，进一步提升校本教研整体水平，同时提升学校的声誉和形象。实施课改以来，学校先后承办了省市级别各种教育教学研讨会三十余次，每次都安排优秀教师进行课例展示和经验交流，对深化校本教研发挥了重要作用。例如，在2010年12月举行的"湖北省初中语文作文教学研讨会"，在全省产生了深远影响。近三年来承办了黄冈市级活动多次，继续扩大学校在黄冈教育界的影响力。

6. 整合网络研修

"国培计划（2018）"——整体试点项目县教师网络研修与校本研修整合培训项目是教育部部署的一个重要培训项目，由培训实力全国排名第一的北京奥鹏远程教育中心承办。2018年，自该项目暑期落户武穴市以来，广大教师积极投身校本研修与网络研修，为学校打造校本教研特色注入新的活力，提供了更广阔的平台。目前，网络研修方兴未艾，大批教师借助网络平台迅速提升了专业素质。

7. 以课例研讨为中心，"五个一"任务驱动固化校本研修成果

实施课改以来，学校一直坚持在教学中寻找问题、提炼校本教研专题并开展研讨。几年来，各个学科都有了自己的研究专题，并取得了研究实效。近几年，学校先后以"高效课堂构建与信息技术运用""教材运用·优课打造"等为研修主题，以教科研队伍建设和教师专业成长为抓手，将校本教研专题研究与课题研究有机结合，着力提升研究质效，为教师专业成长和学校教学质量的提高服务。

多年来，学校已经形成了每学期开展一次"校本教研月"活动的优良传统。活动以课例研讨为中心，推进"五个一"工程，即每位教师每学期必须完成一节讲课、一节说课（或一份试卷、一份评课报告）、一份教学设计、一份教学反思、一篇教研论文。"五个一"任务环环相扣、循序渐进，由理论到实践，再由实践到理论，既巩固和提升了常规教学，又培训了全体教师，实现了常规教学、校本研究、校本培训一体化。全体教师积极参与讲课、说课、听课、评课活动。评课不搞形式，要求多指出缺点、提出问题和改进意见；对带有典型性的课例进行反复研讨；对参加上级各种比赛的课例进行精心打磨、充分展示，使每位教师都能获益。

二、成效篇：教师成长带来了学校的快速发展

1. 教师专业成长迅速

在校本教研活动中，教师的专业素质获得了快速的提高，学校名师辈出，仅语文学科就有张赛珠、程伟等多人被湖北省教研室评为"湖北省优秀中学语文教师"。《语文教学与研究》曾专题介绍了学校语文组的先进事迹。熊巧妮老师荣获全省政治课说课比赛一等奖、全国政治课讲课比赛一等奖。我也以身示范，潜心研修，努力引领教师谋划发展。2018年8月底，我应邀在项目县武穴市的培训会上做了《心存教师，谋求发展》的专题报告；9月中旬，我又在项目县广水市的培训会上做了《用心绘制学校和教师发展的蓝图——校本研修活动方案的制定与实施》的专题报告；9月以来，我应邀赴枝江、大悟等多地进行了"国培"巡回讲学活动，均产生了强烈反响。

2. 教研成果空前丰硕

进入21世纪以来，学校教师共有300余节优质课获地级以上奖励，60余节获省级以上奖励，500余篇优质论文获奖，300余件优质教学设计获奖，1000余篇文章发表。学生每年在各级竞赛中获奖人数达1000余人，仅2017年度在各级各类学科竞赛、体育比赛、科技竞赛中获奖的人数就达600余人。在湖北省第19届创新大赛中，我校八（4）班朱晨同学撰写的科技小论文荣获全省一等奖，系黄冈市唯一一个获奖者；在2017—2018年度湖北省中学生作文大赛中，我校有200余人次获奖，是全省获奖人数较多的学校之一；在武穴市第二届读书成果展示大赛中，我校七（10）班黄芳老师指导的学生荣获一等奖；在黄冈市初中生文学社团"三优"评比活动中，我校"雏凤"文学社刊蝉联九次一等奖；2015年以来，在武穴市历届团队研课大赛中，我校九个学科代表队每次均有七科荣获一等奖第一名。

3. 中考竞赛连年辉煌

教学质量稳步提升，是学校办学成果最直观的体现。在这个过程中，校本研修的作用不可低估。近几年来，学校在各级政府和教育主管部门的关怀下，中考和竞赛成绩一年一个台阶、一年一个辉煌，一直稳居全市龙头地位。在2017年八、九年级双双获得全市四科联赛总积分第一名后，2018年我校教学质量再创佳绩。在武穴中学理科实验班预录中，我校有多名学子金榜题名，约占全市学生总人数的五分之二；在黄冈中学理科实验班预录中，又有数名学子金榜题名，约占全市学生总人数的五分之二。2018年中考，学校

1200名学生参考，其中大部分学生升入理想高中，创造了新的辉煌。骄人的教学成果让今日实中人气旺盛。

4. 办学特色逐步彰显

作为武穴市龙头学校，我校校本教研工作在武穴市发挥了引领作用，在黄冈市乃至湖北省均产生了重要影响。学校推行的"高效5+2"课堂教学模式，已经在武穴市、黄冈市产生了积极影响，2013年还被四川省都江堰市借鉴。校本研修提升了学校的办学品位，逐步形成了"尊重教育"的办学特色。近年来，学校先后被评为"黄冈市文明单位""黄冈市示范学校""黄冈市教科研先进单位""湖北省中小学综合实力50强学校""湖北省教改名校""中央教科所课题实验先进单位""和谐中国·首届全国中小学校园文化建设百佳创新学校""国家教育网络查询系统示范单位""中国西部教育顾问单位"等，共计荣获地级荣誉16项、省级荣誉10项、国家级荣誉6项，取得了显著的办学成绩。

第五章

心想学生　助力发展

心想学生：学会爱的表达

爱生如子，爱校如家……很多时候，谈及教育、谈到师生，言必称爱。不可否认，一个充满爱心的人，一定是阳光的、善意的、幸福的。

但是，真正的爱的表达方式是什么呢？特别是对我们广大教育工作者来说，我认为在实施教育教学的过程中，学会爱的表达尤为重要。

春秋五霸时，晋文公重耳经历了一段颠沛流离的逃亡生活，跟随重耳流亡的介子推，在重耳快饿昏的时候，把自己腿上的肉割了一块，掺杂野菜煮了给重耳吃，重耳才算保住了性命。后来重耳继承国君之位，介子推却隐居深山。晋文公重耳为了找到子推，竟听言于人放火烧山逼子推下山。因介子推有自己的活法，不愿接受其恩赐，所以大火烧了三天后，介子推抱树而亡。

这一悲剧的根源在于晋文公太过自以为是，完全不明白"爱"的正确表达方式，导致介子推惨死在自己"爱"的山火之下。

在网络发达、信息畅通的年代，每个学生都是独立的生命个体，有各自独特的生命轨迹，他们的思想、人生都不同于任何一个人。

作为独立的个体，学生在学校是教师教育的对象，在家里是家长的宝贝。但有些时候，教师和家长常常以自己觉得"正确"的方法爱着孩子，殊不知孩子却备受"爱"的煎熬。

有些教师和家长总是把自己过去的经历强加给孩子，用成年人的眼光评判孩子，这就是很多孩子不愿与教师和家长交流和沟通的原因。

心想学生，我们就要在紧张的学习氛围中，推行"让书声歌声在校园里响起，让掌声笑声在课堂上响起"的快乐教育模式，让学生的学习压力得以释放；每个学期都安排"读书节""艺术节""科技节""体育节""安全节"等活动，让沉闷的校园充满生机与活力，让学生的个性和特长充分展示出来。爱的表达是多种多样的，要适合学生的成长，而不是随意干涉，甚至扼杀，这才是真正的教育，真正的"爱"。

正确的爱的表达方式是：让对方以自己喜欢、适合的方式活着，并尊重对方的人格、思想和选择。"爱"的表达是一门学问，学校"尊重教育"的实践已有10余年了，大家积累了许多宝贵的经验，并取得了阶段性的成绩。心想学生，因为学生是我们教育的全部。我们可以选择一路同行，但是绝不可以蛮横操控。

尊重他人，首先就要尊重每个生命的独立性，我们没有权利去侵犯这种独立性，以爱的名义也不行。

胸怀天下志报国，勤学善思勇担当

亲爱的老师们、同学们、家长朋友们：

大家上午好！

阳春三月，万象更新。在这充满生机和希望的季节，我们又步入了新的学期。

2022年是农历虎年，在此，我谨代表学校祝愿全体师生在新的学期、新的一年里龙腾虎跃赴新程、虎气冲天创伟业！

此时此刻，我们在这里，岁月静好，山河无恙。在春天温暖的阳光下，同学们正在畅想美好的未来。

然而，几天前，国际上刚刚发生一场"大地震"！此时此刻，在地球的另一端，战火已经燃起，百姓无家可归，局势动荡不安，生活没有未来！

同学们，世界并不是到处都充满和平安宁，只是我们今天有幸生活在一个有能力保护自己人民安全的国家。祖国今日之强大正是我们最有力的安全保障！

立足今日忆往昔，百年往事不堪提。1895年，甲午战争战败；1900年，庚子国变……我们永远不能忘记那些屈辱的历史，那些刻骨铭心的伤痛，不能忘记"弱肉强食"的丛林法则，不能忘记"弱国无外交""落后就要挨打"的历史规律！

我们更不能忘记革命先辈的崇高信仰和奉献精神！

回首往事看今天，世事如棋步步新。时至今日，世界还是那个世界，中国已经不再是那个中国！我们也因此倍加珍惜祖国今天的和平和强大。

前事不忘后事师，总结历史有规律：实力，永远是国格与人格的基础。珍惜和平就要铭记历史，牢记过去才能避免悲剧重演。

因此，在今天的开学典礼上，我想就此郑重对大家提四点希望：

第一，立志报国

同学们，我们之所以看不见硝烟，是因为祖国今日之强大；我们之所以能享受岁月静好，是因为祖国挡住了一切外来侵扰。同学们生逢其时，必将大有可为。我希望你们树立远大的理想和坚定的信念，将个人发展与国家兴衰紧密相连，让青春在与时代同频共振中绽放光芒。立强国之志，做时代弄潮儿。

第二，胸怀天下

和平年代突然爆发的一场战争，留给我们的不仅仅是震惊，还应该有思考。世界是一个整体，作为新时代青少年，一定要谨记"风声雨声读书声，声声入耳，家事国事天下事，事事关心。"让"胸怀天下"成为你们的格局，让"放眼未来"成为你们的目光，争做新时代的奋进者，报效祖国，兼济天下。

第三，勇于担当

中国有什么样的青年，就有什么样的未来。在硝烟远去后，我们还应扛起历史赋予的责任。时代呼唤担当，同学们，你们肩负祖国未来的希望，要深知自身肩上责任之重，牢固树立为社会主义建设事业奋斗终身的崇高理想，要勇于拼搏，不懈奋斗，时刻准备着为民族复兴伟业贡献自己的力量。

第四，勤学善思

当然，再伟大的志向也要落实在行动。"千里之行，始于足下"，同学们，到2035年，我们国家将要跻身创新型国家前列、建成人才强国。你们，准备好了吗？同学们，初中是你们增长知识、提升素养、锻造人格的黄金阶段。"想，要壮志凌云；做，更需脚踏实地。"新学期，你们要克服惰性，勤学善思，认认真真打基础，扎扎实实增本领，真正从"学会"走向"会学"。

胸怀天下志报国，勤学善思勇担当。桃欢李笑芳草绿，春风万里好启程。

时光疾驰，有梦想的人青春不老；前路回环，敢拼搏的人山水相逢。在新的学期，希望你们胸怀天下，立志报国，勇于担当，勤学善思，去努力谱写全新的青春诗篇吧！

谢谢！

最好的时代，最好的自己

——新学期在国旗下的讲话

亲爱的老师们、同学们：

大家早上好！春华秋实，岁物丰成。今天，我们信心满怀地翻开了2022学年的崭新篇章。在此，我谨代表学校热烈欢迎秋季入校的1718名新同学，祝愿七年级的新同学们在实中能够愉快的学习，健康的成长！也祝福我们八、九年级的同学们能不懈努力，积极进取，继续享受成长的快乐。

如果用一个字来形容刚刚过去的夏天，必然是"热"。这份热，是全球气候变化映射在每一个人身上的热量，是山城人民众志成城逼退无情山火的热力，是此刻我们开启新征程并迎接未来的热望。

有人甚至在知乎上大放厥词：中国现在内忧外患、内外交困！但，网友的回复却是：世界还是那个世界，中国不再是以前的中国！走进新时代，那星光下赶路的14亿中国人，万众一心，任谁都吓不倒、压不垮！

同学们，作为新时代接班人的你们，正生活在一个最好的时代。中国经济总量稳居世界第二位；疫情防控期间中国经济恢复全球领先，是唯一实现经济正增长的国家；中国高铁铁路、高速公路基础建设稳居世界第一；中国已然成为全球外贸第一大国；中国国际专利申请量、发明专利授权量连续位居世界第一……

身处新时代的我们，比历史上任何时期都要更接近、更有信心和能力实现中华民族伟大复兴中国梦！当强国之梦的接力棒传到你们手里的时候，你有没有信心接好这一棒？你有没有能力接好这一棒？

在新学期开学之际，我想寄语全体师生：

第一，根于现实，要勤奋质朴，做新时代追梦人

哲人有言："世界上最快乐的事，莫过于为理想而奋斗。""万般辛苦不言弃，天道酬勤功自成。"求学之路漫漫，大家定要把握好青春好时光，为人踏实质朴，为学敦厚务本。无论是老师还是学生，唯有树立远大志向，求真务实，方能成为有真才实学的新时代追梦人。

第二，面向未来，要逐梦思远，做新时代接棒人

凡树有根，方能生发；凡水有源，方能奔涌。立足家国之源，方见大河奔涌；逐民族之梦，更觉长风浩荡。作为青年一代，唯有将自己的奋斗目标与国家命运紧密相连，中华民族伟大复兴的中国梦，方能在一代代青年接棒人的奋斗中变为现实。

第三，面向世界，要改革创新，做新时代弄潮儿

历史曾经不止一次地证明，一个民族无论曾经多么强大，选择故步自封只会走向衰落。正所谓"逆水行舟，不进则退"，不顺应时代的潮流奋勇前行，终将会被时代的潮流所淹没。世界面临百年未有之大变局，未来，一定充满着机遇和挑战，若想赢得未来，需要创新与变革。正所谓唯改革者进，唯创新者强，唯改革创新者胜！

马克思说："一个时代的精神是青年代表的精神，一个时代的性格是青春代表的性格。"一代人有一代人的责任，一代人有一代人的担当，新时代呼唤新作为。同学们，愿你们心怀"风物长宜放眼量"的格局，志存高远，明德笃行；砥砺"千磨万击还坚劲"的意志，脚踏实地，不懈奋斗；笃定"乘风破浪终有时"的信心，风雨兼程，勇毅前行!愿实中人，在最好的时代做最好的自己！

长风破浪会有时，直挂云帆济沧海

——国旗下的讲话暨九年级黄冈市调研考试总结

亲爱的老师们、同学们：

大家早上好！

"夏雨阵阵送清凉，草木青青荷飘香。"近日，黄冈市九年级调研考试已落下帷幕。这次考试，实中九年级考出了较好的成绩，有277人进入全市前1000名，有298人进入全市前1100名。在此，我代表学校向在这次调研考试中取得优异成绩的班级、老师、同学表示衷心的祝贺！

这次调研考试，我们能取得较好的成绩，我认为有以下几个方面原因：

第一，学校一贯高度重视中考备考工作

从课堂管理、教学研讨到班级管理，学校都做了精心的安排、严格的落实。对中考工作的高度重视和严格管理是取得良好教学质量的根本保障。

第二，九年级教师团队敬业奉献、锐意进取

备考期间，我校九年级全体教师每天迎着朝阳来校，踏着落日回家，在校时间长达12个小时。我每次走进教学楼，总会看到教师们忙碌的身影：讲台上忘我地讲解习题，教室后全神贯注地分析试卷，教研会上为了探究一个考点争论得热火朝天。这就是爱岗敬业、可敬可爱的实中教师！正是他们，用自己的敬业奉献、锐意进取铸造出实中闪光的教育品牌！

第三，九年级全体同学奋发向上、只争朝夕

同学们都是有理想、有抱负的好学生，一直在为自己的理想努力拼搏。在过去几个月的学习中，同学们严格自律，潜心学习，争分夺秒。正因为如此，才有了这次调考中的优异表现。

第四，家长尽心尽责、背后全力支持

家长们也付出了很多，他们每天在处理繁忙的工作和家务之外，还要全力支持大家的备考。他们每天早送晚接，回家为你们烹制晚餐，深夜陪你们写作业，一切只为给你们中考助力。

基于以上几点，我有理由相信，今年中考大家一定会取得更加理想的成绩，一定会为实验中学创造新的辉煌！

同学们，三年寒窗苦读，一千多个日夜，所有的辛苦付出，都将在七月得到回报。为了能收获更好的成果，决胜中考，在最后的27天里，我给大家提出三点要求和希望：

第一，坚持锻炼身体，保持充沛精力，这是决胜中考的前提

拥有健康的身体、充沛的精力，对备考至关重要。越到紧要关头，越要加强锻炼，要保证每天有足够的运动量，增强抵抗力，以从容应对中考。

第二，明确奋斗目标，树立必胜信心，这是决胜中考的基础

胸中有了大目标，泰山压顶不弯腰。在学习上，要和"高"的比；在学习效率上，要和"快"的比；在学习刻苦程度上，要和"强"的比。更要树立必胜信心。只有拥有信心，才能勇往直前；只有拥有信心，才能创造奇迹！

第三，讲究复习方法，提高学习效率，这是决胜中考的关键

在最后的27天里，同学们一定要注重方法，提高效率：要回归课本、课标，继续夯实基础；要注重比较、归纳、总结，抓好知识梳理，构建知识网络；要抓好"错题重做"，找准薄弱环节，狠下功夫查漏补缺；要注重解题规范与速度，强化训练，提高能力；要勤学多问，在教师的指导下全面快速提升；还要注重劳逸结合。

"长风破浪会有时，直挂云帆济沧海。"同学们，只有经历破茧成蝶的痛苦，才能展翅翱翔天际；只有经历搏击风浪的艰辛，才能抵达成功彼岸。再拼搏二十七天后，我们就要坐在人生第一次大考的竞技场上，书写人生最美的篇章。让我们行动起来，去迎接更加辉煌的七月吧！

谢谢大家！

做自己的英雄

——新学期第一周的国旗下讲话

亲爱的老师、同学们：

大家早上好！

前不久，我们在媒体上看到了中印边境五位英雄的光辉事迹。他们分别是"卫国戍边英雄团长"祁发宝，"卫国戍边英雄"陈红军，被追记一等功的三位英雄战士陈祥榕、肖思远和王焯冉。这五位卫国戍边解放军的英雄事迹感动了无数中国人。他们是真正的英雄。

英雄是旗帜，是标杆，是榜样，是一个民族最闪亮的坐标。在今天的开学典礼上，我想围绕"英雄"这个关键词向你们提三个方面的要求：

第一个要求：敬民族的英雄

"誓以我命固我土，我以我血荐轩辕。"英雄团长祁发宝伸开双臂，拦截越线前来的大批印军，护住背后的祖国；陈红军突入重围，奋力营救，直至生命的最后一刻；肖思远本已突围，却又返回营救战友；王焯冉增援一线，为救战友倒在了激流之中；不满十九岁的战士陈祥榕，毅然担负起了军人的天职。"我们就是祖国的界碑。"他们用自己的生命保卫祖国，他们是当之无愧的民族英雄。

我们敬佩民族英雄，他们的精神值得我们发扬光大：

一是爱国。希望同学们从小培养爱国情怀，热爱生我养我的土地，用自己的行动添国之荣光，成国之栋梁。

二是团结。同心山成玉，协力土变金。一个集体只有团结友爱、和谐相处，才能迸发出无穷的力量。

三是勇敢。年轻就要敢于追梦、敢于探索、敢于质疑、敢于表达。每一次挑战就是对自己最好的致敬。

第二个要求：学时代的英雄

古稀之年还在苦心钻研的"杂交水稻之父"袁隆平，一心扑在地球深探领域的"拼命黄郎"黄大年，被网友称赞为"龙之角、风之冠，国之栋梁"的中国"天眼之父"南仁东……他们以敢为天下先的勇气、能为天下先的素养、必为天下先的决心，使中华民族屹立于世界民族之林。他们是造就时代的英雄。

这些潜心钻研的科研巨人，他们共同的品质是值得我们学习的：

一学责任。"天下兴亡，匹夫有责。"作为青少年，我们要对自己负责、对家庭负责、对他人负责、对班级负责、对学校负责，乃至对国家负责、对社会负责。

二学求知。我们要学习他们不断求知、勇于探索的品质。岁月必不会辜负我们在求知路上流下的每一滴汗，熬过的每一个夜，做过的每一道题！

三学奉献。时代英雄们始终把人民的利益放在第一位，淡泊名利，无私奉献。他们的奉献精神值得我们每一个人去学习、传承、发扬。

第三个要求：做自己的英雄

做自己的英雄，于个人是摒弃平庸，活出璀璨人生；于社会，是摒弃奢靡，回归朴实和谐；于国家是摒弃贫穷落后，实现繁荣富强。做自己的英雄，我送大家三个关键词：

一是自信。爱默生说"自信是成功的第一秘诀"。请永远铭记无论环境如何、机遇如何，真正决定自己未来的都是坚定的信念和无惧的勇气。

二是拼搏。希望同学们拥有拼搏精神，在新学期勤学苦练、发愤图强，攀登学习上的一个又一个高峰，战胜生活中的一个又一个困难。

三是珍惜。时光经不起辜负，青春经不起敷衍。在有机会学习的时候，好好学习，勤精博学，便无愧于自己了。

同学们，好的开始是成功的一半。今天是开学第一天，希望大家整理好心情，认真对待接下来的每一天。

最后，祝大家新学期开学快乐！

谢谢大家！

鲜衣怒马少年时，且歌且行且从容

——在"七星湖"研学之旅开营仪式上的讲话

老师们、同学们：

上午好！

春天是一年中最美好的季节。都说身体和心灵总要有一个在路上，要么读书，要么旅行。今天，我们来到美丽的七星湖，开展为期三天的研学活动。

研学也叫游学。春秋时期的孔子、明代的顾炎武、现代的陶行知等，都是在游学中开阔了眼界，丰富了思想，可以说游学思想是我国教育思想中非常珍贵的一部分。

古人说，"读万卷书，行万里路"。教育工作者要秉承"创新、协调、绿色、开放、共享"的发展理念，落实"立德树人"根本任务，帮助中小学生了解国情、热爱祖国、开阔眼界、增长知识，着力提高青少年的社会责任感、创新精神和实践能力。

纸上得来终觉浅，绝知此事要躬行！同学们，我们在学习课本上的文化知识的同时，也要学会走进生活和自然，在实践中获得真理并检验真理。让教育回归自然，是我们开展研学旅行活动的宗旨。学校组织此次活动，也是希望引领各位同学在活动中探索，在探索中学习，在学习中思考，在思考中进步。

为把此项活动开展好，学校征集教师、家长和学生的意愿，采取自愿报名参加的方式，并通过《致家长的一封信》告知家长。此外，各班对参加活动的学生进行专题安全教育。学校制订了详细的实施方案和应急预案，并派学校行政领导、德育部门负责人、班主任、科任教师全程负责学生的安全和管理工作。

此次研学所到之处风景秀丽，设施齐全，是学生理想的研学基地。希望大家在这几天能够开阔视野、自理自立、互勉互助，能有所得、有所突破，收获与平时课堂所学不一样的知识。

孩子们，研学走的是路，历练的却是人生。当你背上行囊，踏上此次研学之旅时，即将在这里收获这个学期最快乐的一段时光。我想向同学们提出四个要求，即守纪、互助、自理、安全。

首先，我们要有严明的组织纪律性，要听从各位带队教师的安排，遵守各项规章制度。

其次，我们在这次集体活动中一定要加强集体主义观念，培育团结互助的品质，增强集体凝聚力。

再次，要注意在旅途中锻炼生活自理能力，在成长的路上积聚力量，也为将来步入社会积累经验。

最后，希望各位同学在研学旅行的过程中注意人身安全、财物安全，要熟记安全须知，遵守安全守则。

同学们，请记住：你们是实中的优秀学子，是文明的使者，是知礼的代言！我们要用严明的组织纪律性、良好的精神面貌、文明的行为举止在旅途中展示实中学子的综合素养！

鲜衣怒马少年时，且歌且行且从容。同学们，我希望你们能真正享受这次研学旅行，在快乐的旅行中学习，在与自然的交流中成长！多年以后，这将成为你们回忆中最为津津乐道的片段！

我宣布：武穴市实验中学2022年七星湖研学旅行活动开营！

最后，预祝本次研学活动圆满成功！谢谢大家！

"七星湖"研学之旅开营仪式现场

第六章

心系家长　协同发展

心系家长讲话

给家长们的一封信

尊敬的家长朋友们：

你们好！

根据上级文件精神，我校本着家长自愿、学生自主的原则开设了课后服务，学校"5+2"延时服务在国庆节后正式规范实施。希望我们的孩子，少一些压力，多一分快乐；我们的家长，少一些负担，多一分便利；我们的教育，少一些功利，多一分纯粹。

我校"5+2"延时服务主要是两项内容：

一是完成当天大部分的书面作业，做到不留或者少留书面作业回家。

二是开展各种课后育人活动，满足学生的多样化需求。

学校课后服务是落实学校教育主阵地的重要举措，需要学校和家长的相互理解和支持。为此，我有如下想法与我们家长交流。

第一，托管不意味着"脱管"

托管并不意味着家长"脱管"。家长托给学校的是两个小时的服务，不是家长的责任！托管期间，学校会安排老师辅导学生的作业，并不代表所有学生都能完成全部作业，在校期间没有完成全部作业的学生，回家以后还需家长督促完成。

第二，托管并不是"混时间"

为了增强课后服务的吸引力和有效性，开学以来，学校做了大量前期准备工作，可以说是殚精竭虑。教师牺牲了休息时间，调整了个人和家庭的生活节奏，尽心尽力为学生。我们都希望在这两个小时，学生是快乐的，是收获满满的。

第三，"双减"要真正给学生"减负"

有的家长像一个"矛盾体"，既支持孩子减负，又害怕孩子在减负中丢了学习，导致家长压力加重。既然选择了托管就应该以托管的方式展开孩子的学习生活。丰富多彩的课外活动，也有助于缓解学生紧张的情绪，启发学生的思维情感。

第四，注意上下学安全

放学比较晚，孩子会归家心切，家长也会变得心急。但我校地处交通繁忙路段，为了维护学校正常的教学秩序，请家长严格遵守学校关于安全的管理制度，一定要在指定地点等候，在指定区域停车，确保孩子的安全。

第五，托管期间学生就餐问题

后勤部门会为七、八年级学生准备午点和学生奶，家长也可以为孩子适当地准备一些点心；九年级学生上晚自习，学生在校吃晚餐，学校的伙食质量一直以来都得到了大家的认可，家长们请放心。

亲爱的家长朋友们，让我们一起见证孩子成长的每一天。

希望课后托管带给孩子们更好地成长，给家长的生活带来便利。"双减"路上，请社会、学校和家长并肩前行。

拔河比赛"拔"出了学校的"精、气、神"

——实验中学亲子拔河比赛掠影

2018年11月13日，黄冈师范学院附属武穴实验中学第十一届体育节系列活动继续进行。运动场上人潮涌动，八、九年级各班之间的亲子拔河比赛正在进行。学校政教处、年级部、各班主任以及每班五名家长代表和三千余名学生参加了比赛。比赛采用小组单循环淘汰制，由八、九年级各分成四个小组，每组12支代表队，每个代表队包括家长5人和学生20人分别组队对决。

一声哨响，比赛开始了！只见选手们交错而站，脚顶着脚，身子向后倾，双手像铁钳似的用力抓住大麻绳。虽然手被磨得很疼，但大家都咬紧牙关、团结一心，每一个人都把自己的全部力气使在那根长长的绳子上，同时每一个人的心被紧紧地系在一起，共同为班级荣誉顽强拼搏，比赛紧张而又激烈，吸引众多学生观战助威，运动场内加油声此起彼伏。

拔河比赛比的是团结，比的是爱拼才会赢的精神。一条麻绳拉近了学校和家庭的距离，架起了家校之间的桥梁，演绎了实中学子不屈不挠的精神。

校长胡起水表示，亲子拔河比赛作为实验中学体育节的特色运动项目，体现了学校"尊重教育"特色，把"心存教师""心想学生""心系家长"落到了实处，让学校和家庭成为教育这根"绳子"上的着力点，凝聚成强大合力，从而培养学生、影响社会。

"三星"级标准，"三心"式服务

2019年4月18日中午开饭时，同往常一样，食堂里人头攒动，不同的是各楼层的售饭窗口前多了许多拿着临时进餐证的客人。只见售饭的师傅一边和蔼地征询客人想盛的饭菜，一边请这些客人在《黄冈师范学院附属武穴实验中学2019年春食堂满意度评分表》上进行评分。

武穴市实验中学家长应学校邀请参与评餐活动

原来，这些特殊的客人是学校按照班级邀请来对食堂"卫生状况""饭菜质量""服务态度""食堂管理"四大项19小项进行评分的"临时裁判员"。他们全部是学生家长。

今年开学以来，总务处按照学校"创建武穴一流食堂，打造实中靓丽名片"的要求，外树形象、内强素质，高规格改造食堂软硬件，加强内部管理、提升整体质量。后勤主管领导方晓锋要求食堂软硬件建设按照"三星"级标准，食堂的服务工作牢记"三心"的宗旨——食堂的工作人员要有爱心、要细心、要有责任心。为了达到这一目标，总务主任李宇航同志对食堂的软硬件建设进行全面规划、统筹安排，自我加压，不断完善。

一是硬件建设有档次。整修后的食堂，触目所及，皆明亮照人，显得格外干净整洁。

二是软件建设有亮点。整修后的食堂文化氛围浓厚，滚动播放的当日菜谱、菜价、每层楼上供应的食品等让就餐者一目了然。同时，大厅里的电视机向就餐者播放时政要闻；立柱旁、墙柱上、角落里或摆放花卉盆景，或张贴宣传文字。

三是日常管理有新意。李宇航主任深入食堂一线，对每一个岗位的工作量、每一项工种的流程，甚至对每一位员工的特长和秉性都了然于胸，所以在对食堂各项工作的管理上，他能够做到精准科学。即便如此，他还是不满足于现状，常管常新。比如，每周请大厨写出十个不同的菜谱，抽查打饭的师傅每份饭菜的份量，请教师和学校值日领导陪餐，等等。请家长评餐就是最近的创新管理方式。

食堂领导把评餐家长们的评价表格收集整理起来，决心在今后的工作中进一步扬长避短，把服务做得更仔细、更扎实！

坚守"食"字路口，创建放心食堂

——实验中学食堂开放日记录

为改进和加强学校食堂食品安全管理工作，提高学校食堂的经营管理水平，2021年12月19日上午，实验中学举行了以"手牵手维护食品安全，心连心共创和谐校园"为主题的食堂开放日活动。近80名家长代表自愿参加了该项活动。

活动开始，学校在图书楼一楼的党员活动室召开了家长座谈会。主管后勤的副校长方晓峰致简短欢迎辞，并介绍了食堂的升级改造情况、资金投入使用情况，以及食堂的经营模式。

总务主任李宇航图文并茂地向与会者全方位地介绍了食堂的软硬件建设、各功能区的布局安排、近两年来食堂的获奖情况以及创建"湖北省放心食堂"的奋斗目标。

随后，家长代表们走进食堂，实地考察了食品卫生管理情况、饭菜加工流程，详细了解了食品原材料的采购环节、食品留样和存储条件，随机查看了食品采购入库台账。在整个过程中，方晓峰副校长细心地为家长们解说，并认真听取了家长对食堂管理提出的意见和建议，现场回答了家长提出的相关问题。

考察结束后，家长代表们陪同学生在食堂就餐。餐后，他们认真填写了《学校食堂开放日情况反馈表》。

经过两个多小时的座谈交流与实地考察，家长们纷纷对学校做出的"坚守'食'字路口，创建放心食堂"的承诺表示赞赏，对食堂的食品卫生安全感到满意和放心。

一直以来，实验中学高度重视学生的食品安全问题，校长胡起水多次在学校会议上强调，要让"学生吃得满意，家长觉得放心"。学校加大资金投入，不断改善食堂经营条件和就餐环境；适时推出适合学生成长需要和满足学生口味需求的营养食谱；努力加强餐厅文化建设，培养学生良好的就餐习惯，塑造高素质的文明学生。

控辍保学，我们一直在路上

"朱老师，您说的对，孩子现在不学习影响的是一辈子。您放心，我一定送他去学校。"

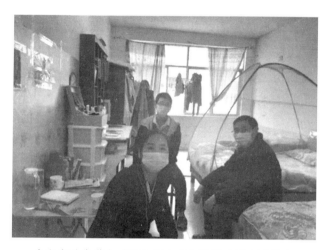

武穴实验中学九（23）班主任朱正兴老师走访学生

朱正兴，武穴实验中学九（23）班班主任、数学老师。该班学生王×连续几天都没来校学习。朱老师电访后才知道，王×的父亲想让他辍学外出打工。朱老师赶紧给该生父亲讲读书的重要性，讲《中华人民共和国义务教育法》中规定的家长应尽的义务……但家长不但不听，还干脆把他的电话、微信全部拉黑。朱老师只得打电话求助该生的大伯，可大伯这次也无能为力了。

朱老师说，王×去年也辍学过一次，当时就是找王大伯做的思想工作，才让他重返校园。原来，王×家是贫困户，王×出生不久父母就离异了。他的父亲常年在外打工，缺乏家长监管的王×成绩较差。去年秋季，王×跟随父亲去福建治病，病好后却不想上学，家长认为孩子不想上学就算了，学一门手艺出去务工挣钱正好能减轻家庭负担。今年王×父亲想让王×辍学的原因应该也是这个。

但朱老师并不打算放弃，便与年级主任宋志胜一起不辞辛苦地赶到几十里外的王×家里。上午去时，家长不在，他们就一直等到晚上。去一次不行，他们就多去几次。终于，家长、孩子被他们所感动，答应了继续上学。

朱老师常说，读书关系到孩子的一生，把"控辍保学"工作做到实处，不让一个学生辍学，不光是完成学校布置的任务，更是一项良心工程。后进生和贫困生是"控辍保学"的重点对象。每学期初，朱老师会及时摸清本班后进生、贫困生、留守生的具体情况，对他们倾注更多的心血，尊重爱护他们、关心帮助他们、表扬激励他们。课后，他经常与家长联系，拉近家校距离，及时沟通，为"控辍保学"工作打下基础。

像朱正兴这样认真负责的教师，只是实中开展"控辍保学"工作的一个例子。胡起水校长在"控辍保学"工作会上强调，"控辍保学"是我们每位教育人应有的责任担当，让每个孩子都接受九年义务教育，事关千家万户，事关国家、民族的未来。教师对每位学生都要用爱心呵护、用真心付出、用恒心帮扶，在劝得回、留得住、学得好上下足功夫并取得成效，将"控辍保学"工作进行到底，最终实现零辍学的目标。

别样端午别样情

——武穴市实验中学端午节系列暖心交流活动纪实

粽叶飘香，艾草芬芳。在一年一度的端午节之际，学校开展了"别样端午别样情"暖心交流活动。

一、"文化端午"——校长为你话端午

为利用好端午节这一传统节日教育节点，进一步弘扬传统文化，2020年6月25日上午10：00，胡起水校长通过校园广播向全体学生讲述端午节的由来、习俗、历史传承、精神内涵，同时为全体同学送上节日祝福——端午佳节承载了人们对圣贤的缅怀、对健康的追求、对美好生活的期盼，今日端午愿同学们健康平安。

下午，学生观看了宣传片《端午文化欣赏》，深入地感受传统节日丰富的文化内涵；各班还召开了端午节专题班会，让端午文化在一片其乐融融的氛围中深入人心，使学生进一步了解传统节日、认同传统节日、喜爱传统节日、过好传统节日，进而传播传统文化，增强爱国情感，提高文明素质，争做文明学生。

二、"暖心端午"——交心谈心一对一

校长和中层及以上领导与班主任，年级分管领导和年级主任与科任教师，全体领导、教师与包保学生，广泛开展"一对一"交心谈心活动，意在了解师生思想状况与健康状况并予以正确引导。活动主要以拉家常的形式展开，大家敞开心扉、开诚布公，不仅拉近了师生之间的距离，密切了上下级和同事之间的关系，还让大家切实感受到学校对老师、对学生、对家长的关心，营造了快乐和谐的工作学习氛围，为今后各项工作的顺利开展奠定了良

好基础。

端午佳节恰逢九（18）班一名学生的生日，细心的胡起水校长特意"突袭"教室，和孩子们一起唱起《生日歌》。家长送来了生日蛋糕和水果，班主任田建国老师、英语老师李丽君和家长一起将蛋糕和水果切好，分给班上的每一位同学。面对课桌上琳琅满目的美食，孩子们的脸上洋溢着幸福的笑容，纷纷表示这个端午节让他们此生难忘。

三、"粽香端午"——师生共进端午餐

"粽子尝一尝，佑你永安康"，端午佳节，怎能少了粽子相伴？

为了让在校师生吃上放心的粽子，过个有意义的端午节，食堂以"精心制作、热心服务"为主题，积极配合学校开展"爱心交流"系列活动。各班级也开展了各具特色的师生共进端午餐活动。

当天早上不到5点，食堂员工们就热火朝天地忙了起来，泡糯米、洗粽叶、剁肉馅、裁细绳、包粽子、摆餐盘，忙得不亦乐乎，脸上却都挂满了笑容。当香飘四溢的粽子、馅大皮薄的端午饼、热气腾腾的鸡蛋摆进每一个学生的午餐盘，立刻将节日的氛围推向了高潮。伴随着学生的阵阵欢呼声，胡校长亲笔书写的节日祝福卡被送到了学生的手里，情意满满的端午节祝福温暖着每一个师生的心。这不仅是一份祝愿，更是感动、是快乐、是骄傲，是一份弥足珍贵的幸福。

四、"洁净端午"——校园环境大扫除

古人把五月端午称作"卫生日"，在这一天广插艾草，以免灾祛病。学校团委抓住端午节这次契机，宣传健康知识，开展环境卫生和健康教育。

在校师生齐动员，他们分工合作、密切配合，利用课余时间对校园环境进行了一次大规模的清洁和美化。他们不嫌脏、不怕累，每个角落都能看到他们劳动的身影。在大家的共同努力下，实中校园处处洁净如新。

五、"励志端午"——过节备考两不误

节日是丰富多彩的，学习是刻不容缓的。一系列暖心的活动让学生紧张的心情得以放松、疲惫的身心得以休憩。在一张一弛之间，学生调节了考前的情绪后，又要再次投入紧张的学习，继续争分夺秒。

中考在即，胡校长号召同学们学习屈原、伍子胥为国家兴亡挺身而出、

坚贞求索、不屈不挠的品质，希望同学们珍惜最后的冲刺时光，彼此勉励，奋发图强，在今年的中考中锋芒毕露，"粽"望所归！

武穴市实验中学端午节系列特色活动的开展，是一次心灵与历史的深情碰撞，是一次文化与践行的完美融合，更是幸福在爱的簇拥下的一种流露和升华，对武穴市实验中学进一步开展传统文化教育、增强学生的民族自信心和自豪感、激发学生的爱国热情、提高学校的凝聚力和教职工的向心力具有重要意义。

今天的行政会不一样

"迎接长江历史最高水位，誓与大堤共存亡！"铮铮誓言于2020年7月18日中午在长江大堤上响起，武穴市实验中学全体行政领导、部分守堤党员正在长江干堤新矶社区（郭祥）段实中防汛哨棚里举行一次特殊的行政会。

近日，武穴地区天气转晴，长江水位也略有下降。然而天气预报显示，新一轮降雨即将到来，长江二号洪峰正在形成。根据武穴市防汛指挥部的要求，各防汛点要保持定力，迅速研判，做好准备。

此时，再过两天黄冈市2020年高中中专招生考试就要拉开帷幕。为了有序安排中考考务，确保有效应对抗洪救灾新挑战，做好暑期学生安全教育工作、防疫、防暑工作，校委会决定将会议地点从学校转移到防汛现场。会议由学校党总支书记陈志敏同志主持。

会上，陈志敏书记、方晓峰副校长、陈焰军副校长、朱新中主席等领导就各自分管的工作进行了部署。校长胡起水对以上工作进行了补充，并提出相关要求。

胡起水指出，防汛工作事关经济社会稳定和人民生命财产安全，作为共产党员和人民教师，大家有责任和义务为防汛减灾出一份力。在前期的滨江公园保卫战中，大家做得非常好，得到了市委、市政府和教育局领导的充分肯定。大家要把"66533"作为巡堤查险的行动准绳，继续把防汛减灾工作落到实处。

在提到中考送考、监考工作时，胡起水强调，教育质量是学校的生命线，中考事关千家万户。本次防汛工作，学校暂时没有安排初三教师参加，就是为了让大家有充足的时间和精力做好中考备考工作。教务处、各年级在外出监考教师工作会上强调教师要遵守考场规则和监考规范，做好考生服务工作。

在师德师风建设问题上，胡起水要求全体行政领导和共产党员发挥先锋模范作用，不参与、不组织违规补课和有偿家教；各年级迅速组织召开班主任、科任教师工作会，签订责任状，做好教师的引导工作；办公室做好相关提醒，组织学习教育局对违规补课的处理意见的相关文件，做好假期安保、巡查工作；摸清今年有子女参加中考、高考的教职工的相关信息，组织召开座谈会，发放提示卡，禁止操办谢师宴、升学宴。

胡起水强调，暑假即将来临，作为人民教师，我们不仅要保障学生在校的安全，还要继续尽到教育之责，提醒学生注意居家、出行安全，防欺凌、防溺水、确保暑假期间不出安全事故。

临近期末，胡起水要求各处室明确责任，除做好本处室工作外，还要通力合作，做好衔接。

会后大家讨论了中考考生集中、交通、饮食安全等问题，明确了细节。大家一致表示，将严格遵守纪律，尽职尽责，把防汛、教学、日常工作做实、做好！

实验中学，我无悔的选择

我是实验中学九（8）班杨子墨的家长。杨子墨在这次武穴市初中生综合素质测评中获得了全市第三名的成绩。感谢实验中学这片育人的沃土，让我的孩子在这三年来踏着坚实的步伐收获了学业上的硕果——在两年的四科联赛里，他都荣获了一等奖。同时，感谢学校领导和老师们的关心，让他从一个懵懂小孩成长为有担当、有责任心的青年。

"良禽择木而栖"，记得当初孩子小学毕业时，我是毫不犹豫地选择让他就读实验中学的。首先，实验中学是武穴城区的老牌中学，这里汇集了诸多有学历、有资历、有能力的领导和老师；其次，它办学水平高，教学质量好，社会信誉强，这是众所皆知的；再次，这里优美的校园环境更是一个适合读书的好地方。一栋栋高大整洁的楼房，一排排苍劲挺拔的树木，一处处励志奋斗的文化景观，无不净化着孩子的心灵，激励着他们不断前行。

学校重视家校互动，每学期都会有一次家长会。通过这个平台，我了解了学校的办学理念，熟知了学校的管理模式，清楚了孩子在学校里的丰富生活。我也体会到胡起水校长"心存教师，心想学生，心系家长"的"三心"理念真是由心而生的。这个学期的家长会结束后，学校还安排家长参观了学校的禁毒基地。这让我更深刻地感受到，学校对学生的关心真是多角度的，始终把学生身心健康放在第一位。

老师是学校最核心的软实力。杨子墨有幸碰到了班主任张戈杰老师和他高效的教师团队。张老师是一位年轻有为、知识渊博、爱岗敬业的好班主任。从七（8）班到九（8）班，三年来，他从不把成绩当作看待学生的唯一标准，他始终坚持让学生全面发展。杨子墨跟班上几位同学一起参加黄冈市举办的地震知识竞赛，他们荣获了初中组第一名的好成绩；一年一度的艺术节，班上节目总是作为压轴节目上场；运动会上，同学们矫健的身姿也把第二名甩得远远的……

　　"成才比成材更重要"是张戈杰老师一直坚信的理念。在张老师的班里，真的是人才众多，琴棋书画各种才能的学生都有。孩子们在这里互相取长补短，努力成为"德智体美劳"全面发展的学生。

　　九年级，随着学业的加重，我担心作业量陡增，孩子的休息时间得不到保障。事实看来，张老师的方法再一次让我感受到了什么是真正的教者。张老师极不提倡题海战术，作为数学科目，在我看来多做题肯定是好的，可他班上学生只有一本练习题书。结果出乎意料，两年的四科联赛他所代班级的得奖率都是百分之百。在此，我由衷地感谢班上的所有老师，没有你们的付出也就没有孩子们的优秀。

　　选择一所好的初级中学是家长送给孩子最好的小学毕业礼物，三年的时光匆忙而又短暂，当你在犹豫中度过这三年时，荒废的可不仅仅是一个孩子的学业。现在我可以骄傲地说："实中，是我最对的选择，也是无悔的选择。"

　　最后真心祝愿实验中学蒸蒸日上，再创辉煌！

（实验中学家长　柯薇）

家校共育聚合力，家长变身"监考员"

　　2022年4月27—28日，武穴市实验中学七、八年级进行了期中教学质量检测。为了让家长了解孩子的考试情况，继续加强家校沟通，形成教育合力，学校创新了监考机制，邀请家长代表到校参与监考工作。开考前，年级分管领导为各位参与监考的家长介绍了监考的具体流程及考场纪律。

武穴市实验中学九年级考前工作安排会

　　考试时，每间考场派一位教师和一位家长同时监考，教师监考为主，家长辅助监督，他们认真细致，合作默契，考场秩序井井有条。一些家长与学校领导一起深入考场巡视，了解考风考纪情况。从检查情况来看，学校期中考试各考场总体情况良好，未出现考试违纪事件。

　　考试结束后，学校立即组织家长召开家长代表座谈会，征求家长对考试以及学校其他方面的建议，并安排家长们与学生一同进餐，体验学生的在校生活，进而了解学校的教育教学管理情况，如校风校纪管理、校园安全治理、卫生习惯培养、食堂进餐秩序等。家长们对学校的校园环境、教学管理表示满意。八（6）班潘刚同学的妈妈说："走进考场，我感受到了考场的紧张氛围，体会到孩子学习的不容易，以后一定对孩子多一些鼓励和理解。"

八（3）班胡奇同学的爸爸说："这次的监考，让我进一步了解到老师和孩子们的学习、生活状态，也深深地体会到老师对孩子们的用心，把孩子交给实验中学，我十分放心！"

让家长参与到学校教育教学活动中来，有利于家长全方位了解学校，提高学校管理和运作的透明度，将学校置于社会的评价、检验和监督之下。这是办人民满意教育的需要，也是现代学校发展的必由之路。

炎炎夏日下基层，携爱家访送情义

——武穴市实验中学暑期家访活动纪实

苏联著名教育家苏霍姆林斯基曾说："没有家庭教育的学校教育和没有学校教育的家庭教育，都不可能完成培养人这一极其细微和复杂的任务。"这足以说明家庭和学校在教育中缺一不可的地位，学校教育和家庭教育都是孩子成长过程中的重要方面，而家访则是连接这两方面的重要桥梁。

一、下基层，情更浓

近日，为深入开展"下基层、察民情、解民忧、暖民心"实践活动，推进家校教育的融合，同时了解学生暑期居家学习和生活情况，实验中学组织全体教师开展"炎炎夏日下基层，携爱家访送情义"暑期家访活动，为学校和家长之间搭建起沟通的桥梁。暑假伊始，学校领导对此项活动高度重视，对各项工作进行了周密细致的部署，向教师派发了家访情况登记表，并要求班主任及授课教师以面对面的形式开展家访活动。教师积极响应，班主任精心拟订家访计划，任课教师针对学生的实际情况明确问题，列好家访的简易提纲，以便与家长进行更有效的沟通。

二、敲开家门，走进心门

七月的武穴，骄阳似火，酷暑难耐，却阻挡不住实中家访教师的脚步，他们带着爱与责任叩开了孩子的家门，与家长促膝交谈，留下了奉献的剪影，也倾诉了肺腑之言。听说老师们要来家访，家长们提前在外面等待老师们的到来，到家后更是热情地招待，积极地向老师们介绍孩子在假期的学习情况及思想动向。他们或是对老师们的提问与建议认真回应，或是对孩子在学校所取得的进步表示惊喜，或是为老师们的用心感到动容，或是唠家常、谈未来。轻松愉悦的氛围使大家忘记了天气的炎热，沁入每个人心田的是如雨露般的甘甜清凉，一张张照片背后是时时处处收获的感动与真诚。

三、以真诚为线，以爱育桃李

在家访过程中，老师们询问、了解学生的暑期活动安排；督促家长与孩子共同制订暑期学习生活计划，如多引导孩子阅读课外书籍，多鼓励孩子做一些力所能及的家务，多陪伴孩子进行体育锻炼；提醒家长切实履行监护责任，促进学生德智体美劳全面发展。同时，老师们还不忘向家长大力宣传饮食安全、交通安全、防溺水、防汛等相关知识，提醒家长在放假期间要对孩子监管到位，多注意孩子的安全。

走进孩子们的家庭，坐在同一条板凳上或同一个沙发上，我们才真正地倾听到孩子们的心声。家访可以让我们更好地了解孩子，看到一个又一个不一样的他们，让我们深切感受到家长对孩子的重视、对老师的敬重、对学校的认可和支持！

"教然后知学不足，访然后知育不足。"此次家访架起了家校沟通的桥梁，畅通了家校合作的渠道，密切了师生关系，有效地促进了学生的健康成长。家访，不仅需要用眼睛看，更需要用心倾听，我们相信在一次次心灵沟通中，教育会更具有内涵，更见温情和深度。

从心出发　风景无限

实验中学等五所学校被评为全国青少年 "五好小公民" 主题教育读书活动 "红旗飘飘，引我成长" 示范学校

近日，从黄冈市教育局关工委获悉，在第21届全国青少年"五好小公民"主题教育读书活动中，武穴市中小学成绩突出。

其中，武穴市实验中学等五所学校被教育部关工委评为全国青少年"五好小公民"主题教育读书活动"红旗飘飘，引我成长"示范学校，实验中学宋子尧、实验小学吴林森被评为先进个人；实验三中、小桥小学被评为省级示范学校，实验二中周雄志、武师附小周伶鑫、实验二小杜韧战被评为省级先进个人。

武穴市实验中学被评为全国青少年"五好小公民"
主题教育读书活动"红旗飘飘，引我成长"示范学校

鄂派名家荟萃，实中喜获殊荣

　　2018年12月21日，由《教育名家》杂志、远方教育研究院主办的"第二届教育名家30人论坛——新时代基础教育坚守与创新"活动闭幕，实验中学被评为"湖北省中小学综合实力100强"，胡起水校长荣获"改革开放40年教育改革与创新优秀校长"称号。这是实验中学建校40年来首次获得双项殊荣。

　　为贯彻全国教育大会精神，办人民满意的优质公平教育，纪念改革开放40周年教育事业发展取得的成就，表彰为推进教育改革创新做出突出贡献的湖北省优秀校长，扩大对湖北省品牌学校的综合评价，进一步促进教育名家办教育，《教育名家》杂志、远方教育研究院共同策划开展"湖北省中小学综合实力100强""改革开放40年教育改革与创新杰出校长、优秀校长、优秀教师"评选活动。由中国教育学会常务副会长、《未来教育家》杂志总编辑刘堂江担任专家评审委员会主任委员。

　　经过专家评审，最终有97所小学、73所初中上榜。武穴市实验中学成功入选"湖北省中小学综合实力100强"，胡起水校长与武汉市广埠屯小学校长张同祥、孝感市实验小学校长李红、武汉市光谷第二小学校长贺清文、武穴市第二实验小学校长文小勇等50人被评为"改革开放40年教育改革与创新优秀校长"。

　　武穴市实验中学创建于1978年，乘着改革开放的春风，不断发展壮大。经过四十载的风雨历程，实中人创造了一个又一个令人瞩目的辉煌成绩。胡起水校长表示，武穴市实验中学将以此次评选活动为契机，立足于新的起点，不断深化教育改革，提高教育质量，提升办学品位，朝着"湖北省示范学校"的目标坚实迈进！

合作办学创品牌，成果显著获殊荣

2019年1月11日，黄冈师范学院授予武穴市实验中学"黄冈师范学院教育实习实践示范基地"称号。这是学校获得的又一项殊荣，也是继湖北师范大学之后又一知名师范大学实习实践示范基地在武穴落户。

武穴市实验中学获评"2019年度黄冈师范学院教育实习实践示范基地"

今天上午，受黄冈师范学院的邀请，武穴市实验中学校长胡起水参加了黄冈师范学院2018年校地（企）合作总结交流会。会上，黄冈师范学院副校长马志斌代表学院做了年度总结报告。他指出学校为实习生提供了优质的学习平台，切实提高了黄冈师范学院学生的教育教学能力，并帮助其实现了由学生到教师的快速转型，同时，他指出，2018年与武穴市教育局共建黄冈师范学院附属武穴实验中学是发挥师范教育优势，搭建校地（企）合作平台的重要举措，是黄冈师范学院2018年在加强校地（企）合作方面取得的可喜成绩！

胡起水校长表示，武穴市实验中学将以示范基地为契机，进一步提升合作能力，密切共建关系，深入推动双方教育教学资源共享，打造优质教育平台。

黄冈市人民政府副市长陈少敏、各区县政府主要领导、市校合作办负责人、示范基地校长、黄冈师范学院主要领导等200余人出席了本次会议。

加强学校文化建设，助推教育高质量发展

　　校园文化是一所学校的"灵魂"。通俗地讲，学校就像一棵树，给它充足的阳光、空气和水，它就会茁壮成长；而文化像根，根深才能叶茂，叶茂才能开花结果。校园文化建设是学校品牌建设的"根基"与"灵魂"。

　　武穴市实验中学在不断探索、传承、创新"尊重教育"办学特色的基础上，总结办学理念，寻找办学方向，提出了"三心"教育办学思想，探索"三心"教育实践模式，形成了独具特色的办学理念和校园文化，使学校发展迈上新的台阶。

一、内化理念，让学校发展有"魂"

　　"尊重教育"，即尊重规律、尊重人本、尊重发展，学校在尊重社会规律、教育规律和学生身心发展规律的前提下心存教师、心想学生、心系家长，让师生与家长都得到发展。始终将办学理念放在心上，抓在手中，落实在行动上。

二、美化环境，让学校发展有"貌"

　　围绕"尊重教育"办学理念，学校从楼道文化建设、教室文化建设、石塑文化建设、食堂文化建设、墙壁文化建设、长廊文化建设等六个方面打造校园文化。楼道文化包括《武穴市实验中学"尊重课堂"的15条建议》《武穴市实验中学"尊重学生"20条建议》《武穴市实验中学"尊重家长"9条建议》；石塑有启迪智慧、唤醒心灵的启聩亭，有象征爱国、文明、美德、阅读、学习、艺体、创新的雕塑——世纪之星；食堂的"俭"文化，浸润于食堂的每一个角落；墙壁文化有"修身""齐家""治国""平天下"的国风卷轴。

三、优化标识，让学校发展有"神"

学校坚持以办学理念为指引，打造校园文化系列标识（软文化建设）——校徽、校旗（绿芽儿破土而出——象征尊重发展。学生是校园的主人，是祖国未来的花朵，用新生的嫩芽作为元素，响应了学校"尊重教育"办学理念，强调尊重学生的发展，让学生做最好的自己）、校歌（《奔向明天的辉煌》，恪守求真务实，追求开拓创新——体现尊重规律）。

四、完善制度，让校园文化有"度"

文化是制度的灵魂，制度是文化的载体。制度文化是校园文化的基石，是学校实施管理的依据，是师生幸福成长的保障。

结合学校"摊子大、管理难"的校情，学校创新管理模式，推行具有内部竞争机制的"线块式""一级两部"扁平化管理模式，以落实"尊重教育"办学理念和"三心"教育办学思想。

"线块式"的"线"，就是从校长到分管校长到处室领导，从上到下，一线贯穿；"块"，就是年级部，学校将三个年级分为六个年级部。"线"的职责是"设计—指导—考核—评价"；"块"的职责是"执行—落实—协调—反馈"。所谓"一级两部"，就是将一个年级分成两个既相互竞争、又协调合作的学部。"线块式""一级两部"扁平化管理模式是学校管理创新的成果，扎实有效地推进了学校各项工作。

此外，学校还建立了科学考核评价体系，以此推动学校整体发展。校委会和办公室依据处室考核制度对处室工作完成情况实行量化考核，从德（师德师风）、能（处室干部的决策力和执行力）、勤（考勤、校务值日）、绩（获奖情况）、廉（清廉校园创建工作任务清单完成情况）五个方面进行评价；各处室根据级部考核制度，从考勤、师德师风、教学、德育、后勤服务、宣传、安全等方面对级部工作落实情况进行量化考核；处室、年级部依据学校管理考核制度，从德、能、勤、绩、工作量等方面对教师进行量化考核。

五、"定制"活动，让校园文化有"力"

优质学校需要一批有相同精神追求的人，在共同价值观的引领下自觉发展。他们就是学校的老师、学生与家长。一直以来，学校着力开展了一系列

"量身定制"的活动为师生个性成长搭建平台。

1. 心存教师，引领发展

学校坚持以教师为根本，确立教师在学校办学中的主体地位，将教师的发展摆在重要位置。

（1）榜样引领。

一年一度的"感动实中十大人物"评选活动和每学期进行的"优秀班主任""优秀备课组长""绩效先进个人""教研先进个人""优秀通讯员""优秀共产党员"评选活动，评出了正能量，选出了新气象。活动推选出来的优秀教师，每一个都是埋头实干、创新巧干、无私奉献、激情满怀的典范。在这种氛围中，教师得到了充分发展和肯定，感受到了自我价值的实现。

（2）关心生活。

学校工会全力打造教工之家，春节期间，通过微信平台给全体教师拜年，登门拜访、慰问有突出贡献的班主任、骨干教师、离退休教师以及生活特别困难的教师；教师节，为全校在职教师送上教育名著，并由校长逐本亲笔签名；三八妇女节，为所有女教师送上节日惊喜。此外，学校还开展了教师乒乓球比赛、红歌比赛、篮球比赛、游泳比赛……

（3）深度教研。

每周一次的集体备课，每学期一次的教研论坛，"五个一"工程、"青蓝工程""资深教师示范课""教师阅读书吧"……丰富的教研活动营造出浓厚的校本教研氛围，引领教师树立"学习为本""终身学习"的理念，提高了教师的专业发展水平和师资队伍的整体素质。

（4）阅读工程。

"腹有诗书气自华"，没有阅读就没有真正的教育。学校每学期组织全体教师共读一本教育专著，开设教师读书论坛，组织班主任沙龙，让教师撰写读书笔记、读书心得、生活随笔；微信公众号开通"教室文苑"栏目，不定期举办读书展示活动……

这些活动可以提升学校文化力，助力教师专业发展，提高教师幸福指数，让校园成为教师成长、成才的摇篮。

2. 心想学生，助力发展

学生既是校园文化的创造者，更是校园文化的受益者。有文化，学校底蕴才更加深厚；有艺术，学校教育才更加灵动。学校定期开展"五节一活动""一班一特色""第二课堂"、兴趣小组等一系列活动，让书声和歌声在校园响起，让掌声和笑声在课堂上响起，为广大师生提供展现自我、提升自我的舞台，极大地提升了师生的创造力。

学校开展"党史学习进校园"、"廉洁"书画大赛、"宪法日"学习活动、"红领巾勋章"活动、"清扫江堤志愿服务"、"七星湖"研学、"红心向党"演讲比赛、"别样端午别样情"暖心交流系列活动……拓宽学生成长平台，打造特色"育人文化"。

学校后勤部根据学生意见和建议，不断调整菜谱，丰富饭菜的品种，均衡学生一日三餐营养搭配，提升学生"舌尖"上的幸福感；美化、亮化食堂，让食堂多一些"绿色"，多一些"色香味"。

学校上学放学路队制度、领导值班、教师带队、安保护队等无缝衔接方式，保障了学生上学放学安全，做到了五年"零事故"；学校定期开展生命教育，唤醒学生生命智慧，为学生的成长保驾护航。

3. 心系家长，协同发展

学校通过各种文化力引领学生走上全面发展、持续发展的道路，这也是促进学生发展的重要手段。每位家长都是学校教育的同盟者，让更多优秀家长参与到学校管理中来，是学校正在做且必将坚持做下去的重要工作。

学校完善了家委会驻校办公制度，"家委会座谈会""家长开放日"等实现了家校联系无障碍、沟通无缝隙。学期初的家委会座谈会，向家长介绍了学校育人体系以及课程教学、学生生涯指导等方面的具体做法，并邀请家长代表参观校园。正是通过各种文化力，吸引更多优秀家长参与学校管理，才构建起学校、社会、家庭三位一体的开放型育人模式。

自2017年以来，学校在"尊重教育"理念的基础上，适时提出"三心"教育思想指导下的育人实践模式，以"线块式""一级两部"扁平化管理模式作为推进学校管理发展的抓手和保障。五年来，"全国生态文明教育特色学校""湖北省综合实力100强学校""湖北省学校文化建设百强校""湖北省学校后勤文化建设示范学校""黄冈市文明单位""武穴市综合目标考核优胜单位""武穴市中考质量特别优秀奖"等诸多荣誉纷至沓来。文化是融合的力量。学校致力于把教师的、学生的、家庭的文化因子整合到学校文化的生命体中来，形成一种富有教育意味的"教育文化""学校文化"，最终实现"文化兴校"。

胡起水校长应邀赴枝江、大悟巡回讲学

　　9月底，胡起水校长继广水之行后，应邀再赴枝江、大悟两地进行了为期两天的"国培"巡回讲学活动。本次"国培"活动以"建数字校园，做智慧教师"为主题，由湖北省教育厅教师管理处、湖北省中小学教师继续教育中心主管、北京奥鹏教育教师培训中心组织实施，枝江、大悟教育局协同承办。

　　在枝江市职业教育中心，来自全市各中小学、幼儿园的300余名领导、教研骨干共聚一堂，参与"国培计划（2018）"——枝江市整体试点项目管理者、学科坊主高级研修班集中培训活动。培训活动为期两天，特邀多名专家教授、名教研员、中小学名校长和特级教师做学术报告，分享校本研修实施经验与成果。胡起水校长应邀给全体学员做了一场题为《用心绘制学校和教师发展的蓝图——校本研修活动方案的制订与实施》的校本研修学术报告。

胡起水校长应邀赴枝江讲学

　　两个小时的报告中，全体参会人员认真聆听、仔细记录，报告结束全场掌声雷动，学员争相与胡校长交流。胡校长对学员们在校本研修过程中遇到的困惑进行了耐心的解答。主持人对胡校长的报告做了高度评价。

"国培计划（2018）"——整体试点项目县教师网络研修与校本研修整合培训项目是教育部部署的一个重要培训项目，由培训实力全国排名第一的北京奥鹏远程教育中心承办。8月底，胡起水校长应邀在项目县武穴市的培训会上做了题为《心存教师　谋求发展》的专题报告；9月中旬，胡校长又在项目县广水市的培训会上做了题为《用心绘制学校和教师发展的蓝图——校本研修活动方案的制订与实施》的专题报告，均产生强烈反响。

在大悟项目县，胡校长的报告再度引起强烈反响。

胡起水校长应邀赴大悟讲学

黄冈师范学院附属武穴实验中学是湖北省首批课改实验学校，在十几年的课改实践中提炼出了"尊重教育"办学理念。此次胡校长的报告正是对学校十几年来"尊重教育"办学理念下校本研修工作经验的总结和推广。在胡校长对校本研修工作的高度重视和宏观指导下，全体教师积极参与，学校校本研修工作正在逐步形成特色。

惟实励新，精进臻善

——武穴市实验中学以特色管理推进高质量发展汇报

2022年暑期胡起水校长在武穴市教育局集训大会上做
管理专题报告

尊敬的各位领导、校长、朋友们：

大家上午好！

畅谈管理方略，共议学校发展。能站在这里和大家交流，我倍感荣幸。

苏联教育家苏霍姆林斯基说过：一个好校长，就是一所好学校。怎么才能成为好校长？大家可能觉得校长是思想家、教育家、外交家，但我觉得校长首先应该是实干家。

自从走上领导岗位，我就开始思考：接手一所学校，我应该怎么做？首先必须头脑清醒，厘清三个问题：校长要干什么？怎么干？干成什么样？干什么是目标，怎么干是措施和方法，干成什么样是成效和成果。

今天在座的各位都是武穴教育界的领导、精英、专家。在此，我想就以上思路和大家做些交流，不妥之处，敬请批评指正。

一、深化尊重理念，厘定办学目标

2018年，《中国教师报》曾刊登过在宁波举行的第十二届中国名校长高峰论坛上提出的"新时代优质学校改革十二条共识"，其中有一条我感悟颇深："优质学校首先要有一种优质的文化，是基于先进的理念，拥有高质量的教育水平，并能持续有效改进的现代学校。"

大家都知道，办学理念是一所学校的灵魂，是学校前进的方向和行动的指南。在我就任校长之前，实验中学就已提出了比较前卫的教育思想——"尊重教育"，也就是尊重人本、尊重规律、尊重发展。2017年秋，我履职实验中学后，在"尊重教育"理念基础上，对其进行了丰富、细化和延伸，提出了"三心"教育思想和实践模式，也就是心存教师，引领发展；心想学生，助力发展；心系家长，协同发展。

同时，我所理解的好学校应该是一所拥有"四声、四有、八习"的学校。

所谓"四声"，就是书声、歌声、笑声、掌声。

所谓"四有"，就是有理想信念、有道德情操、有扎实学识、有仁爱之心，这也是学校教师培养的目标。

至于"八习"，我们以市教科院提出的"八个习惯"作为依据，即规划习惯、阅读习惯、写作习惯、计算习惯、书写习惯、运动习惯、动手习惯、自学习惯。这是学校学生培养的目标。

二、精准研判校情，创新管理模式

实验中学是目前黄冈市乃至湖北省规模较大的初中学校。学校占地面积56余亩，学生数量庞大，最为突出的问题是教师老龄化严重，人均年龄47岁。如何使学校管理规范高效是实中发展的重要课题。

从2017年秋季开始，学校创新"线块式""一级两部"扁平化管理模式。"线"就是校委会到处室，处室到级部，一线贯穿。"块"就是年级部，负责落实任务。

三、精心设计制度，提升执行能力

学校的管理一般可分为三个层级：第一层级是粗放管理，第二层级是制度管理，第三层级是文化管理。当前学校仅处在制度管理层级。科学的顶层设计，必须匹配强大的执行力，而制度设计是执行力的前提。为此，学校出台了考核评价方案和考核评分细则。在制度保障下，"线块式""一级两部"扁平化管理模式初见成效，执行上呈现出纵向贯通和横向互促的格局。

1. 纵向贯通，层层落实

学校每周一召开校委会，对学校近期重大事项进行讨论，做出决策；每两周召开一次行政例会，内容既有前期工作阶段总结，又有本周任务安排；会后，分线（处室）召开策划会，细化任务分工，策划落实方案。

学校通过多种形式落实责任：办公室督查工作落实情况，各处室指导检查级部工作，级部督促学科备课组、班级落实。

"决策—安排—策划—执行—督查—考核—评价—整改"8个环节顺次推进，"五会四检"环环相扣、层层监管。整个流程政令通畅，执行到位。

年级责任校长全面管理年级工作，下设两个年级部，每个级部设置正副主任各一名，同时，我们把支部建在年级，助力年级管理。每个级部根据学校考核方案及各自实际制定相应的管理办法和考评标准，最终形成一部一策略、一部一特色、一部一亮点的格局。

在"一级两部"管理模式下，两个级部既有竞争也有合作，相辅相成；管理人员分工明确，即使级部工作再琐碎也能"事事有人做，时时有人管"，切实提高了年级管理的效能。

2. 横向互促，协同发展

考核实现了制度落地、任务落实、管理高效。

依据考核评价方案要求，除了处室对级部工作落实情况进行纵向评价外，分管领导和处室干部组成的校务值日小组也对处室和级部每天的工作进行横向评价。

处室、级部坚持做好《工作日志》记录，值日领导每天必检，并给予评价。

级部值日干部在学生入校、早锻炼、早餐、课间操、午餐、午休、组织路队七个时间点到位值日。校务值日领导相应做到"七到位"，除了对级部干部值日情况做出评价，发现问题督促整改外，还要深入年级，检查级部的一日常规、工作日志、值日量化公示栏、班级量化考核记录、教师考勤等情况，做好检查记录，汇总评价。

办公室将纵向和横向双向评价进行数据交叉关联，做到每天一统计，每周一汇总，每月一通报，期末综合评价。如此，完整的评价体系实现了层层抓落实、事事有监督、件件有反馈，形成了多维统一的完整管理体系。

四、履行教育之责，实干推进发展

学校工作千头万绪，涉及面广，管理难度大。在座的各位校长，应该深有同感：学校既要履行好教育之责，也要担起社会之责。

1. 为学生成长搭建锻炼和展示的平台

学校每学期开展的"五节一活动"以及"一班一特色"、"第二课堂"、兴趣小组等系列活动，给孩子们提供了展示自我的平台。

2. 为教师发展提供学习和提升机会

除了"4+X"模式集体备课会，我们还通过打造"高效5+2"教学模式，加大各种"评优选先"活动力度。学校6个名师工作室承担着引领教师专业发展的主要任务，以实现以老带新，以研促教。培训是最好的福利，我们鼓励教师外出学习、开展"青蓝工程"、举办教研论坛等，让教师体验职业价值和尊严，鼓励其"成名""成家"。

3. 为学校发展创造优质条件

学校要发展，后勤保障很重要。特别是食堂，众口难调是最大的问题。食堂的主要服务对象是师生，我们把"吃什么"的权利交给学生，所以才有"学生自定食谱，吃什么学生说了算"的创新做法。事实证明，这种思路是有效的。

走进食堂，你会发现，从楼层主题到餐饮文化，从滚动标语到菜谱公示，从标语到诗词，饮食文化浓郁，书香饭香并重。

我们的食堂被评为武穴市食品安全管理先进单位、黄冈市"放心食堂"。食堂的标准化操作流程被黄冈市教育局作为样板制作成视频供全市所有学校学习。

"安居才能乐业"，我们努力为教师"安家"：舒适温馨的教师办公室，宽松优雅的就餐环境，古风雅韵的书吧，放松惬意的教工之家。拥有舒适的生活和教学环境，教师才会以更愉悦的心情做好教育教学工作。

4. 为社会和谐创新举措

为了缓解放学时沿江大道的拥堵状况，学校创新提出"路队放学"。我们实行领导值班、教师带队、安保护队、人车分流等方式，并把路队管理纳入级部考核体系，落实无缝衔接，保障学生安全。

五年来，我们不仅没有发生一起安全事故，还从根本上扭转了以前放学时沿江大道拥堵无序的局面。如今，规范、有序的放学路队已成为学校一道靓丽的风景线。

当然，学校这样的举措不胜枚举，如为了促进学生心理健康，我们建立两级心理疏导机制：由科任老师、班主任当心理咨询师，全员上阵，全方位、系统化地进行心理干预。

在寒、暑假大家访活动中，我们由"家校联系本"延伸到家庭与学校面对面，取得了良好的社会效益。

五、时间见证努力，实干铸就辉煌

成熟完整的管理体系，创新务实的工作作风，使实验中学的管理越来越规范，级部、处室的工作效率越来越高，师生的教、学热情不断提高，学校各项工作走上了发展的快车道。

如今的实中，校园步步皆风景，景观处处可育人。

近年来，学校先后获得"湖北省学校文化建设百强校""黄冈市文明单位"等荣誉，连续2次成为"武穴市综合目标考核优胜单位"，连续5年荣获"武穴市中考质量特别优秀奖"，教学质量一直在全市处于领先地位。

最后，我想跟大家分享三句关于情怀、智慧、素养的话。

第一句：佛不渡我我自渡，不为彼岸只为海。人生的意义在于奋斗的过程，我享受这种奋斗的幸福。这也是一名教育人应有的情怀。

第二句：凡事预则立，不预则废。作为校长，凡事应该主动作为。这是一名教育管理者的智慧。

第三句：总有一个理由让我们坚守。不管做任何事情，只有坚持下去才会有希望，才会出成绩。这是一名教育人必备的素养。

惟实励新，精进臻善！与君共勉！谢谢大家！